La Connexion Absolue

Livre de Révélations et d'Eveil

La
Connexion Absolue

Le Pouvoir
de
Votre Réalité infinie

Livre de Révélations et d'Eveil

Salvatore LAURICELLA

La Connexion Absolue

Auteur : Salvatore LAURICELLA

Rue des Templiers, Antugnac, France

Imprimé et distribué par CreateSpace

N° de dépôt SGDL : 30140 (septembre 2016)
ISBN : 978-2-9560144-0-9 (version livre papier)
Dépôt légal : mai 2017

Conception graphique de la couverture : S. LAURICELLA

Photos couverture : Toward Digital Light Waves – © agsandrew.

Celles-ci ont été mises à disposition de l'auteur pour publication selon les termes de licence d'attribution.

Salvatore LAURICELLA

Site internet officiel :

www.La ConnexionAbsolue.com

*"La conscience du Moi,
du Tout, de la Totalité, est...
la connaissance de soi-même !"*

Ce livre est dédicacé à notre Grandeur infinie,
à l'Amour, la Joie, la Gratitude,
la Paix, la Vie, l'Abondance, la Plénitude,
à notre Nature, notre prodigieuse Réalité :
La Conscience Absolue.

Table des matières

Remerciements

Je remercie, avant tout et avec énormément de Gratitude, ce que Nous sommes tous Véritablement…
Je remercie toutes les générations et chacun en particulier à notre époque puisque tous nous prenons part à notre façon à l'évolution des mondes, au développement d'une humanité épanouie où la vie est source d'inspiration et de bonheur pour tous.
Je remercie toutes mes relations, famille, amis et connaissances, tous ceux qui ont contribué de près ou de loin à ce que mes aspirations et explorations s'accomplissent et aboutissent à cette transformation profonde, à ces Révélations, cette Ultime Vérité.

Je remercie Joëlle qui m'a accompagné tout au long de cette fabuleuse découverte et qui, étant à mes côtés, a été la première à bénéficier de cette Connaissance inouïe, des hautes Vibrations de transformation intérieure. Elle s'est amplement investie avec enthousiasme pour que ce livre voie le jour.
Je remercie Michel Jonas pour ses précieux conseils dans la mise en forme de cette écriture.
Je remercie aussi tous ceux et celles qui me soutiennent et apportent leur témoignage d'expériences et de bienfaits.
Je remercie tous ceux qui ont concrétisé la superbe réalisation et la publication de cet ouvrage.

Je vous remercie vous tous qui lisez ce livre et tous ceux et celles qui participeront à répandre largement autour d'eux cette sublime Vérité pour que chacun, en se connaissant, puisse vivre la Plénitude de sa Nature illimitée.

Merci pour votre Amour !

De révélations en révélations :

"Parce que tout dans la vie nous amène à découvrir notre Grandeur infinie, ce que nous avons toujours été..."

Trois années d'explorations, de révélations fascinantes...

"Nous sommes arrivés à une époque
où notre Réalité se révèle au grand jour !"

Durant plus de trois années, des explorations de conscience spontanées tout-à-fait exceptionnelles se sont produites souvent lors de méditations, de contemplations, de silence ou même la nuit, m'apportant la perception complète de notre Réalité infinie. Ces Vérités révélées dépassent de loin toute conception de la vie et du Soi entendue jusqu'à présent.

Elles m'ont procuré une prodigieuse compréhension de tout ce qui concerne notre Véritable Nature inouïe et celle-ci a complètement transformé ma vie, ma façon de me percevoir, de voir le monde, ma vibration, mon potentiel, mon état d'Être, mon Amour pour Tout Ce qui Existe... J'ai saisi que je devais urgemment avec transparence dévoiler au monde ces révélations inestimables, insoupçonnées de notre Grandeur infinie afin de donner accès à cette nouvelle Connaissance extraordinairement vaste, à sa haute Vibration et ainsi permettre à chacun cet éveil, cette transformation profonde dans l'épanouissement, la Joie, l'Amour.

Il est vrai que ma vie fut toujours colorée d'une grande aspiration spirituelle pour obtenir les réponses aux nombreuses questions que l'humanité se pose depuis des millénaires : d'où venons-nous, où allons-nous, quel est le sens de la vie, quelle est notre véritable Nature, comment atteindre l'Illumination, comment vivre une vie épanouie, comment avoir les solutions face à tous nos problèmes, comment manifester nos désirs... Vous imaginez donc avec quel

contentement, quelle reconnaissance, je vous fais part dans cet ouvrage de ces découvertes fabuleuses !
Ces révélations inestimables ne m'ont aucunement été transmises par channeling ; ici, c'est complètement différent ! Ces explorations réelles et sublimes proviennent directement du Tout Ce qui Est, de notre infinité. Je les ai vécues directement dans mon corps, mes cellules, mon ADN, dans ma conscience… Dans cet état méditatif d'ouverture si particulier, je vivais pleinement la Réalité Ultime, j'étais Dieu, la Totalité elle-même et c'est Elle, faisant Un avec moi, qui s'exprimait à travers mes mots, mes ressentis, mes compréhensions. C'est pourquoi phrases et paroles venant de notre immensité contiennent en elles une musique, une vibration énergétique élevée qui donne accès à une transformation et "éveillera" chaque lecteur et lectrice…

Le contenu de ces découvertes, excepté la première qui fut une réelle surprise, a été enregistré ; le texte des révélations vous est fidèlement retranscrit dans toute sa pureté et son rayonnement vibratoire d'origine.

Cet ouvrage présente 7 explorations de notre Réalité suivies de développements, d'enseignements, de pratiques, de phrases d'inspiration et de méditation qui vous donnent la possibilité de capter et d'approfondir l'essence de ces Vérités, d'élargir votre perception pour une nouvelle vie épanouie… Révélations et phrases peuvent être répétées pendant plusieurs jours ou plusieurs fois par jour, tel un mantra. L'important est d'être simplement ouvert et attentif à la résonance de ces Vérités en vous…

Plus qu'un précieux Secret révélé, cette lecture offre surtout une puissante Initiation ! Je l'ai moi-même vécue…
Au fil de mes explorations, mes compréhensions se sont affinées, élargies, enrichies pour vous offrir la quintessence de cet immense Savoir de l'Être… Ce qui est exaltant est qu'en rédigeant cet ouvrage, j'ai encore découvert et suis arrivé à la conclusion qu'il y a toujours à apprendre, à percevoir sur la Splendeur de ce que nous sommes…

Avec la Connaissance de votre Vastitude, de votre Connexion toujours Absolue, de votre Potentiel illimité, un changement profitable s'opère en vous pour votre plénitude, votre évolution, votre santé au sens large du terme, votre ouverture de conscience, votre éveil.
Il n'y a pas de long chemin à parcourir… il y a juste à accueillir !
C'est pourquoi vous êtes invités à laisser de côté vos croyances, vos convictions, tous les concepts habituels pour découvrir et saisir pleinement cette Nouveauté. Laissez-vous porter avec Amour dans le déploiement de votre vaste "Moi".

***

Enfant, je savais déjà que mon rôle sur terre était dans le domaine spirituel, le développement personnel, la guérison… Mon souhait profond était comment s'illuminer et éveiller les autres pour un monde nouveau.

Je me souviens de cette histoire de la mythologie hindoue que l'on m'avait contée.
Il était une fois, un sage illuminé qui avait le don d'éveiller tout individu. Ce jeune homme parcourait les pâturages à contempler la beauté de la nature. Souvent, il avait plaisir à se trouver assis sur un rocher à observer les femmes aller prendre l'eau au puits et revenir au village la jarre remplie sur la tête. Il les regardait faire ces allées et venues et, de loin, s'amusait à projeter une pierre sur chaque urne… Un à un, ces vases se rompaient. Chaque dame, à sa grande surprise, était subitement trempée de la tête aux pieds et, en cette fraction de seconde, se trouvait incroyablement transformée, complètement éveillée, illuminée !
Ce jeune homme s'émerveillait de ces soudaines transformations joyeuses et recommençait souvent à lancer un projectile sur les jarres posées sur la tête des femmes… C'était ce moyen direct qu'il avait découvert pour éveiller instantanément tous ces êtres !
Et je me prenais fréquemment à souhaiter pouvoir réaliser quelque chose de semblable à lui…

Nous vivons une époque particulière où les vérités viennent au grand jour, où chacun est appelé à connaitre, à réaliser sa Véritable Essence. Aujourd'hui, "le voile est tombé" !

L'admirable Connaissance de votre vastitude infinie vous est enfin révélée… C'est avec un grand bonheur que je vous communique l'étendue de votre sublime Réalité !

CHAPITRE 1

1 ère Exploration

Les expériences sont relatées telles qu'elles ont été vécues afin que vous puissiez "prendre ma place" et vivre vous-même l'exploration, la découverte de votre propre Nature, vibrer avec votre Réelle immensité !
Elles contiennent chacune une haute Vibration qui apporte directement l'information à vos cellules, votre physiologie, votre conscience...

Afin que ces grandes Vérités soient encore plus proches et accessibles pour chacun et chacune, afin qu'il y ait une meilleure communication et une plus grande proximité entre vous-même et votre Moi profond, je vais, dès à présent, m'adresser à chacun, à chaque "je" en particulier et me permettre, avec beaucoup de respect, de vous tutoyer...
Tu es prêt(e) à vivre l'expérience ? Alors, la voici !

Après plusieurs minutes, assis sur le lit pour méditer, mes paupières se soulèvent doucement, mon regard se dirige naturellement vers le plancher et... se fixe sur des dessins dans le bois, des formes arrondies semblables aux hiéroglyphes, de

fins fils, des cordes qui remuent, fluctuent et s'agitent de plus en plus... Le plancher semble s'avancer contre mes yeux et ma vision pénètre toute la profondeur de la matière...
J'y remarque, avec une définition excessivement nette, des couches, des couleurs, une infinité de détails surprenants. De fortes sensations naissent dans mes mains, mes pieds... et, comme des vagues, parcourent tout mon corps... Ma concentration s'accentue. Je suis intrigué !
Instinctivement, je pense avoir fermé les yeux pour aller plus profondément dans la méditation... J'ai beaucoup de sensations diverses et tout se bouscule dans ma tête tel un grand tourbillon, ma respiration change, j'ai chaud et froid... Par moment, c'est presque comme si mon cœur s'arrête... et il y a comme une peur de me perdre : que m'arrive-t-il ?

Je pose mon attention sur ma respiration. Je remarque que, chaque fois que j'expire et que je reste poumons vides, le temps parait s'allonger... C'est à ces moments que viennent à moi de fortes sensations d'explorations de l'Être, de nouvelles compréhensions... Je prends conscience de notre Réalité à d'autres niveaux d'existence dans les dimensions supérieures !
Je suis à mille lieues de ce que je connais, j'ai perdu tous mes repères, toute notion de ce que je croyais réel de ce monde, je suis dans l'inconnu... Je suis seul... complètement seul, livré à moi-même...

Soudain, je ne perçois plus rien... il n'y a plus rien, c'est le néant... le vide... Cela dure un certain temps.
Ensuite, il n'y a que ma conscience... et rien d'autre que ma conscience... rien d'autre... rien d'autre...
Mon souffle s'intensifie quand, soudainement, ma respiration devient tellement profonde... comme en apnée. Tout semble se suspendre... Je suis dans un état élevé de conscience, un état si particulier et incroyable de silence... Je vis un niveau de paix immense et profond... Pourtant, cet état m'apparait si clairement familier...
Et dans ma conscience, la clarté s'accroit... Cette ouverture en expansion offre une Révélation inattendue essentielle : Je

suis Cela ! Je suis cette Paix sublime… profonde. Ce Silence incroyable… c'est Moi !
Cette Présence, c'est Moi !
Cette Joie, cet Amour, cette Conscience illimitée : c'est Moi.
Cet instant a l'apparence d'éternité… au-delà du temps et de l'espace… Cette Révélation se poursuit dans une lucidité surprenante : Je n'existe pas… en tant que Salvatore… Salvatore n'a pas d'existence…
Il n'y a personne en tant que personne !
Ici… Ce monde que l'on croit connaitre… n'existe pas,… ma compagne n'existe pas… rien de tout cela n'existe, rien n'a d'existence… Le monde terrestre avec tout ce qu'il contient n'est pas réel. Il n'est pas la Réalité !
Seul ce qui demeure est la Conscience, il n'y a que la Conscience, ce qui est pleinement éveillé…
Je perçois cette incroyable découverte que l'on n'est pas de ce monde ni dans ce monde… qui n'a pas de réalité…
La Réalité est "ailleurs" !... Ce n'est pas qu'il n'y a plus rien après cette vie terrestre, c'est tout l'inverse : c'est ici sur Terre qu'il apparait qu'il n'y a rien !
L'essentiel ne se passe pas ici… La Réalité, c'est ce que je suis... Je suis Cela, la Conscience qui est tout… la Totalité !
Je reste longtemps imprégné de ces Vérités.

Ensuite, d'autres dimensions s'ouvrent à moi, de plus en plus nombreuses… Je me retrouve de nouveau sans notion d'espace-temps, sans repères, avec une perception d'infinité : je suis dans toutes les dimensions en même temps… Vient, alors, cette impression de basculer d'une réalité à l'autre sans même m'en rendre compte… Plus je me dirige vers ces réalités supérieures, plus j'ai cette impression de me perdre… comme dans un gigantesque vortex… cela devient inconfortable…
Survient une sensation de non-retour : continuer dans cette direction m'empêchera de revenir sur Terre ; le choix m'est donné : revenir dans ce monde qui n'a pas d'existence réelle ou continuer dans les dimensions supérieures… J'hésite un

instant : si je pars, comment va faire ma compagne… et ceux que je connais ?… Quel sera le devenir de ce monde ?
Cette réflexion me vient : Où est-ce que je me sens bien ?
Je ne suis bien que dans cette réalité-ci, même illusoire, c'est ici qu'est ma place ! Je ne veux pas vivre en dehors de cette réalité… d'ici et maintenant… Je le sais, j'y ai mon rôle. Ma place est ma joie !
Cette compréhension me décide à revenir…
Toutefois, l'expérience n'est pas encore finie… L'impression de basculer d'une réalité à l'autre se vit plus posément dans l'une et puis dans l'autre… Et lorsqu'enfin je reconnais ce monde-ci, une autre Révélation extrêmement claire et lumineuse surgit comme venant de l'infini : Tout est déjà là… il n'y a rien à faire ! Tout est déjà !
Je perçois que tout ce que j'avais pu espérer depuis toujours est déjà là ! C'est comme un écho dans ma conscience. Je reste concentré un certain temps, émerveillé de cette information…

Quand j'ouvre les yeux, une curieuse sensation m'envahit : Comment être certain que le monde où j'arrive est bien ma dimension habituelle et non une dimension parallèle qui lui ressemble ? Alors que je balaie la pièce du regard, mon attention se pose sur la fenêtre dont un battant est ouvert…
Pourtant, les deux battants étaient fermés !
La compréhension fuse : Je suis dans un monde parallèle ! Je ferme rapidement les yeux et affirme mon intention de revenir dans cette réalité terrestre…
Enfin, les yeux à peine entrouverts, je perçois la fenêtre aux deux battants fermés. C'est bien ma maison. Tout dans la pièce me parait normal… j'ai la sensation de revenir de l'infini, de l'éternité…

J'en suis bouleversé… Je reste assis encore un long moment avant de rejoindre ma compagne sur la terrasse pour partager ce que je viens de vivre.

***

Durant tous les repas des semaines qui suivirent, les discussions concernèrent exclusivement cette formidable exploration dont la vibration ne me quittait plus… Il y avait tant à dire et encore tant à découvrir, tant à comprendre ! J'avais depuis toujours aspiré à une telle connaissance…
Du temps m'était nécessaire pour intégrer et mettre des mots sur ce qui est au-delà de ce que je pouvais m'imaginer, cette toute nouvelle perception de notre Réalité d'Être. Ces découvertes surprenantes sont si phénoménales !

Moi qui, comme la plupart, me considérais si limité dans un corps, dans une seule vie, celle de Salvatore ; moi qui percevais notre monde terrestre comme bien réel ; moi qui pensais que les dimensions supérieures étaient échelonnées et accessibles selon le niveau atteint ; moi qui, tout en ressentant que l'Absolu existe, trainais toujours la conception que chaque être humain en est un pâle reflet partiel, qu'il doit parcourir un long chemin, s'améliorer, "grandir", "avancer" et enfin parvenir au bon niveau, le dernier, celui de la Béatitude et la Paix infinies ; moi qui… Toutes ces croyances venaient de s'effondrer pour laisser la place à une vision immensément plus vaste, sereine et authentique de la Réalité de notre Nature : Ce qui Est !

Cette exploration m'a montré qu'il y a énormément plus que notre monde, notre univers. Nous faisons partie de plusieurs plans, nous vivons dans toutes les dimensions en même temps, tout y est connecté, tout va vers l'infini.
Nous sommes partout ! L'illusion de me croire seul ou séparé est tombée…
Cette création grandiose, humains y compris, n'existe pas, n'est pas réelle, n'est pas matière comme on l'estime généralement ! Te rends-tu compte ?
Sa réalité est plutôt celle d'une projection de type holographique.

L'essentiel est cette Conscience illimitée… Il n'y a que la Conscience Unique. Ce moment était sublime ! J'ai d'abord reconnu le Silence ; ensuite, cette Sérénité était moi-même ! Je suis Cela, Conscience : c'est ma véritable identité !

Je ne suis pas le Salvatore que je croyais être ; je suis énormément plus que mon corps, que ma vie. Je suis vastitude !
Cette Présence, cette Joie, cette Paix, c'est Moi en permanence.
Chacun peut comprendre qu'il est cette incroyable immensité, ce même Moi Absolu, qu'il est Conscience et se dire : *C'est Moi… C'est ma Réalité !*

Je ressens que ma place est aussi dans ce monde illusoire où "tout est déjà"… même s'il n'a aucune existence réelle… C'est assez déconcertant…

S'ouvrir à une plus grande perspective de la Vie et de Soi

"La Vérité offre la Connaissance parfaite de Soi-même, de sa propre infinité, de Tout Ce qui Est !"

Ces Révélations me sont parvenues, non par le biais d'une voix, mais sous forme d'évidences, de compréhensions, d'informations spontanées... d'une clarté éblouissante ! Je sentais que tout mon corps les intégrait, chaque cellule, chaque brin d'ADN vibraient avec celles-ci...
En un instant, ma conscience venait de s'ouvrir au nouveau, je saisissais une toute nouvelle façon de percevoir notre identité réelle, de ressentir la vie... et j'assimilais que cette transformation intérieure ne ferait que grandir...

J'aimerais moi aussi m'ouvrir au nouveau, avoir une telle expérience, comprendre...

Pour toi aussi, ce livre et ses Révélations sont une opportunité d'ouverture spontanée pour accéder, au niveau du cœur et de ta conscience, à ce qui est déjà Toi !
Que t'apportent ces expériences d'exploration de Conscience ?

Des compréhensions nouvelles et essentiels, une vibration intense, un élargissement de ta perception, une connaissance... un éclaircissement énormément vaste et précis de ton Potentiel, de ta Réalité Ultime...

Tu peux aussi te poser la question : *Suis-je prêt au changement ? Suis-je prêt face à l'inconnu ?... Et plus exactement : suis-je prêt à vivre l'inconnu ?*

Car être prêt… c'est pouvoir lâcher tes concepts, abandonner tes croyances, renoncer à tes jugements, savoir que tous ces cadrages t'enferment dans une vision limitée. C'est aspirer à voir plus loin, à percevoir, ressentir, reconnaitre le Réel.

Ce changement est loin d'être extérieur ! Il n'est même pas extérieur du tout d'ailleurs ! Il s'agit d'accepter, d'accueillir une nouvelle réelle vision de toi-même et de ta vie, de ne rien rejeter d'emblée même si les informations paraissent incroyables, voire contradictoires. C'est, en un déclic, savoir que tu n'es pas ce que tu crois être... que la Réalité n'est pas où tu la places et découvrir alors tout ce qui en découle…

C'est donc t'autoriser à prendre le cadeau. Quel cadeau ?

Le cadeau de t'ouvrir à Ce qui Est, ton immensité, le cadeau sans limite de te découvrir Toi-même !

Tu as déjà entendu cette promesse : La Vérité te libère…

Pourquoi te libère-t-elle ?

Parce qu'une fois saisie, le voile est tombé... ainsi que les croyances, les concepts qui te maintenaient enfermé dans des limitations t'empêchant de voir la Réalité, ton Potentiel, ta vastitude telle qu'elle est !

En une seconde, la Vérité peut être captée, il suffit de l'entendre, la sentir résonner en toi, la prendre ! Tu quittes alors le niveau des croyances pour entrer dans le domaine grandiose de la Connaissance de Ta Réalité. Une fois que tu accueilles la Vérité, tu la ressens, tu la comprends, tu vibres à Cela, tu te connais, tu sais qui tu Es avec certitude, tu es dans la Pureté de la Révélation !

Elle t'imprègne, tu l'intègres… C'est alors que cette Vérité change à jamais le film de ta vie car ta vision du monde, des autres et de toi-même est métamorphosée.

A partir de là, tout est possible !

Ta nouvelle perception s'élargit et sous-tend alors toutes tes activités novatrices, compréhensions, connaissances, expériences. Tout se déploie en toi et dans ta vie vers ton épanouissement.

Ta conscience est alors consciente et te révèle ton infinité… Toi-même !

Phrases d'inspiration et de méditation :

Je m'ouvre à la Réalité éternelle de ce que Je suis, j'accueille ma Nature illimitée.

J'ai la perception de plus en plus vaste de ce que Je suis, je découvre ma Grandeur infinie.

La vie est un film

"Ce que l'on voit et croit n'est pas réel,
même la personnalité est illusion.
La Réalité est toute autre,
elle est Soi-même, ce que Je suis, l'immensité du Moi".

Une Révélation importante, revenue souvent lors de mes explorations de Conscience, est :

Le monde terrestre avec tout ce qu'il contient n'est pas la Réalité !
Les personnes ne sont pas "réelles", elles n'existent pas comme tu le crois généralement. La création, les personnes, la matière, tout ce que tu côtoies, vois et touches a plutôt une réalité de film !

Le monde terrestre n'existe pas. Qu'est-ce que cela veut dire ? C'est vraiment incroyable...

"Ce monde n'a pas d'existence, il n'y a rien ici, tout est illusion..." fut révélé très clairement dans mes expériences. Notre corps est illusion, notre personnalité est illusion, nos situations de vie sont illusions... La Création est imaginée telle une projection cinématographique ! Nous avons une existence, pourtant celle-ci n'est pas attachée, limitée par le corps matériel comme nous le pensons ; ce corps est simplement virtuel.

Et, en même temps, ce qui fut assez étonnant, surtout dans cette première exploration, est que vivre dans ce monde irréel, et plus précisément y avoir une place, signifiait quelque chose d'unique, de précieux, d'incontournable !

Comment est-ce possible ? Rien de ce que je vois n'est réel… mon corps que je vois, que je sens n'est pas réel, je ne suis pas réel, les autres ne sont pas réels… Comment puis-je le croire ? Je me vois dans le miroir tous les jours, je vois les autres, je peux leur serrer la main, les embrasser…

C'est vrai que voir, toucher, goûter, humer, entendre font partie des expériences ; mais nous n'avons pas une perception élargie, une vision correcte de notre corps, de notre monde.
Il est important de se rendre compte que la matière elle-même est une illusion. La science se dirige d'ailleurs dans ce sens. Elle enseigne depuis des décennies qu'enlever tout le "vide" d'un corps humain, par exemple, le réduit au volume d'une minuscule tête d'épingle ! Et il en est de même pour tout ce qu'on appelle matière qui parait si solide, si compacte, si pleine ! Imagine-toi… Tout est constitué d'atomes et si l'atome faisait 100 m de rayon, son noyau ressemblerait à un petit pois et les électrons qui tournent autour de ce noyau seraient extrêmement minuscules ! Le reste ?
Du vide…
Qu'est-ce qui est donc réel quand ce que nous voyons est surtout composé de vide ?

La physique quantique "née" le siècle dernier apporte une vision du monde de la matière encore plus étrange… Elle ne nous présente plus les électrons et les protons et neutrons du noyau de l'atome comme les plus petits constituants de la matière. Ces particules ont pu être scindées et les scientifiques arrivent à la conclusion qu'elles sont faites de particules plus petites encore ou existent sous forme d'ondes ! Actuellement, le mot particule désigne une vague substance ou un faisceau d'ondes qui se propage.

Pour le physicien, ce n'est qu'une probabilité d'objet : une onde de probabilité exprimée par une équation !
Un monde où une particule peut être à plusieurs endroits à la fois, peut suivre plusieurs trajectoires à la fois… Un monde qui devient non local car deux particules (ou deux atomes) peuvent devenir intriquées, donc liées au point que, même si elles sont distantes de milliards de kilomètres, elles réagissent instantanément l'une à l'autre sans qu'il y ait une information qui voyage, comme si l'espace ne constituait pas une séparation ! Cela parait incroyable et, en effet, c'est une première dans le domaine de la physique !

Nous vivons dans un film ?... Comment nos yeux ou nos croyances pourraient-ils nous leurrer à ce point ?

Oui, nos yeux et nos croyances peuvent nous tromper…
D'une part, l'homme a tendance à ne croire que ce qu'il voit ou à ne voir que ce qu'il croit, même s'il admet qu'il ne peut se fier exclusivement à ses yeux. Il reconnait, par exemple, que le soleil existe même la nuit alors qu'il ne le voit pas et accepte également l'existence des molécules, des ondes, des étoiles lointaines, des galaxies, des trous noirs... puisque la science lui présente des preuves, des films, des mesures, des calculs.
D'autre part, la science ne peut pas prouver que toutes les personnes voient, captent la même chose… La couleur turquoise n'est sans doute pas perçue identiquement par tout le monde, certains la voient plus bleue, d'autres plus verte, certains plus vive, d'autres plus pastel…
Et, de surcroit, la vision est sélective. On sait que des chatons élevés dans un entourage ne présentant que des lignes verticales se cognent constamment aux barres horizontales des tables et des chaises lorsque, plus âgés, ils sont replacés dans un environnement normal. Et les chatons, n'ayant été en contact qu'avec des lignes horizontales, devenus adultes, se heurtent sans cesse, aux pieds des meubles. Tout se passe comme si ces chats ne distinguent pas ce qui ne leur a jamais été présenté pendant leurs premiers mois d'apprentissage…

Est-ce possible que ce soit identique pour nous ?

Depuis des générations, l'éducation et la vie en société ont habitué l'homme à penser d'une certaine façon, à percevoir une même forme de réalité. C'est comme si, sans le savoir, il avait placé des filtres au niveau de sa perception, du traitement des données qui parviennent à son cerveau…

Personne ne peut prouver que ses yeux captent la réalité… et encore moins toute la réalité ! Dans le film "Lucy" de Luc Besson, il y a ce passage où une voiture roule sur un circuit. A partir d'une certaine vitesse, tu ne la vois plus, elle finit par disparaitre au regard et tu penses qu'il n'y a rien, que l'espace est vide.

Tu peux donc comprendre à quel point tes yeux peuvent te tromper ! Quoique notre cerveau, dans sa fonction de récepteur, s'est configuré de lui-même par habitude, par conditionnement, à ne percevoir ou capter que les mêmes fréquences parmi toutes les fréquences existantes, la science le déclare apte ainsi que notre système nerveux à décoder d'autres formes de fréquences et à interpréter des réalités au-delà des modèles habituels…

Arriver à concevoir que notre monde est un film ? Est-ce possible ? Pourtant, je sens bien que j'ai une existence !

Oui, chacun ressent qu'il existe et se dit : c'est moi... Mais se connait-on vraiment ? A-t-on conscience de sa Réalité, de son existence intemporelle, illimitée ?

Chacun est immense et pourtant souvent se limite, s'accroche à son corps, à son identité terrestre, à son monde, à son propre film de vie !

Pour concevoir que ce que tu vois et vis n'a aucune existence réelle, que le monde pourrait n'être qu'un film, imagine dans un premier temps qu'il n'y a qu'un seul individu sur Terre : toi ! Tu vis, tu côtoies le monde, tu perçois la nature, les gens… Sont-ils vrais ou sont-ils uniquement dans ton imagination, tes pensées ? Comment veux-tu prouver qu'ils sont réels, qu'ils ont une existence matérielle, que ce que tu vois est absolument tangible ? Si quelqu'un vient de tomber et t'annonce qu'il a mal… c'est peut-être simplement toi qui te le représentes, qui le vois ainsi, qui y penses ! Une personne ne peut pas te démontrer qu'elle existe réellement en chair et en os ; même si c'est ton fils et que tu te souviens de l'avoir vu naitre ! Cet événement peut être seulement dans ton film. Il peut être une simple projection mentale…

Et c'est semblable pour tous : chacun peut arriver à considérer que la création concrète qui l'entoure et qu'il voit est un monde virtuel. Tu vas t'interroger alors : "Oui, mais moi, mes sensations me disent que j'existe sur Terre. Si je me brûle, j'ai mal, je sens la douleur !" Pour ton corps, ta propre vie, c'est pareil aussi! Tu sens, tu vois… Cela ne prouve pas que ce soit réel comme généralement on le croit !

Dans le film "Matrix" des Wachowski, avec le passage lors duquel Morpheus et Néo sont tous deux projetés dans un programme d'entrainement, tu peux comprendre que le monde que tu vois, que tu ressens avec tes cinq sens peut n'être constitué que d'informations que ton cerveau est habitué à capter et à croire… comme réelles !

Pour aller encore plus loin : tes ressentis, tes émotions, tes pensées, tes aspirations, tes goûts, tes mémoires sélectives, tes sens, tes rôles, ton corps, le monde qui t'entoure, la création entière, l'univers, l'espace, le temps, les autres dimensions… s'inscrivent dans un programme, dans un film magnifiquement bien réalisé, il faut le reconnaitre. Tu es dans cet hologramme grandiose et gigantesque !

Ta personnalité est une illusion qui fait aussi partie du film. L'idée que tu es une personne qui te distingue des autres est comparable à un "support" qui te permet d'explorer la vie. Ce "support" est un programme évolutif de film de vie qui se modifie au fur et à mesure par des expériences, des pensées, des émotions, des ressentis et qui interagit avec le monde qui t'entoure, parents, famille, amis, voisins, connaissances, animaux, nature et avec les autres films de vie de l'humanité toute entière, ancêtres, autres habitants de l'univers, des dimensions parallèles ! Tout est interrelié, toujours connecté dans cet immense hologramme, dans cette profusion de vie…

Un peu après la naissance, tu t'es identifié au film, à ton corps, à tes sens, à tes émotions, à ce qu'on t'a dit. Tu t'es habitué à ne percevoir que le virtuel et c'est donc l'hologramme qui est devenu réalité pour toi. Tu le crois fermement réel puisque tu ne vois que lui. Or, tu vis dans une projection !
De nouveau, la science nous rejoint ! Voici les mots du physicien Brian Greene dans "La magie du cosmos" : *"Même si les objets que contient l'espace semblent réels... ils pourraient n'être en fait qu'une sorte d'hologramme. Tout ce que nous voyons, ressentons... tout ce que nous regroupons sous les termes de réalité familière tridimensionnelle pourrait être une projection d'une foule d'informations situées sur une surface bidimensionnelle très lointaine."*
Il y a 20 ans que l'étude théorique de l'évaporation des trous noirs a suggéré que l'espace et son contenu en matière pouvaient être décrits par un hologramme. Depuis, de nombreux et même récents travaux présentent que cette théorie serait bel et bien capable de décrire l'univers existant. C'est comme si notre monde n'était en fait que le reflet d'une réalité inscrite sur ses bords... Tu te rends compte : notre monde, un simple reflet !

Est-ce que cette idée : "Je suis dans un film, dans une immense projection" peut m'aider ?

De toute évidence, oui ! Cette réflexion change tout et te permet de prendre tes distances, d'élargir ta perception.
Quand tu constates que tu es très identifié à une situation, complètement pris dans une émotion, comme la colère, le sentiment d'injustice, la frustration, te dire : *"Je suis dans un film, dans une immense projection"* ou t'interroger : *"Ce monde est-il comme je le crois ?"* provoque un détachement, un recul, un choc, une remise en question, une ouverture, un lâcher prise... Ce questionnement et cette autre façon de percevoir aident à sortir de l'emprise de la situation captée alors comme moins "réelle" et à la prendre simplement pour ce qu'elle est vraiment. Sortir d'une scène, sortir d'un film est toujours plus aisé que de sortir de ce qui

apparait comme seule réalité ! Cette vision te sert donc à te réajuster, à t'orienter vers le calme, la paix, la joie, Toi-même !

"Je vis dans une illusion et rien n'existe ici" n'est pas complet et la vie sur Terre ne semble pas s'arrêter en le disant !
Tu vas toujours te lever, bouger, réaliser des expériences, interagir avec ton environnement, goûter la vie ! Et pourtant, c'est une réflexion qui peut suffire à opérer en toi un déclic, à te propulser vers une perception beaucoup plus large de l'Existence et de toi-même... Tu peux t'ouvrir à ce que tu es vraiment, à ta Perfection, à ton Potentiel inné... Tu peux saisir que tu es beaucoup plus qu'un corps illusoire et tellement vaste que tu prends les proportions de l'infinité, de la Totalité ! Tu peux envisager que chacun est, comme toi, bien plus vaste que le film...

Car si ta personnalité n'existe pas, s'il n'y a personne ici en tant que personne, alors qui es-tu ? Quelle est ta véritable identité ?

Expérimentation de détachement :

"Transformer ton regard sur toi-même."

Pour t'aider à prendre du recul et savoir que tu es infiniment plus que ton corps, tes rôles... et tout ce qui fait ta personnalité, voici un exercice simple avec lequel tu te rendras vite compte que le ressenti de ton identité n'est plus le même :
Parle de ta personne avec distance, comme si elle était quelqu'un d'autre, un acteur dans un film ! Tu ne diras plus je, moi... tu citeras chaque fois ton prénom :
"J'apprécie..." deviendra *"(ton prénom...) apprécie..."*.
"Je suis en pleine forme" se changera en *"(ton prénom...) est en pleine forme"*.

Et *"J'aimerais avoir les nouvelles de ce match."* se transformera en *"(ton prénom...) aimerait avoir les nouvelles de ce match."*

C'est un petit jeu dans lequel tu peux inclure les personnes concernées ; dans tes conversations, tu remplaces les tu, te ou vous par les prénoms adéquats.
Si tu t'appelles Henri et que tu t'adresses à Louise, tu ne diras plus : *"Je te parle de…"*, tu diras : *"Henri parle à Louise de…"*.
"Aimais-tu cette idée ?" deviendra *"Henri demande à Louise si Louise a aimé cette idée."*
"Je te téléphone pour te demander de m'apporter ce livre" deviendra *"Henri téléphone à Louise pour demander à Louise d'apporter le livre à Henri."*

Phrases d'inspiration et de méditation :

Je suis immensément plus vaste que mon corps, que ma vie, que mon rôle, tellement vaste que ma Réalité est infinie.

Rien de ce que je vois et crois n'est réel, la Réalité est dans ce que Je suis, la Totalité !

Du rien au Tout

"Ce qui Est... c'est ce qui ne change pas,
ce qui est éternel ; la Conscience est la seule Réalité !"

Révélation :

L'essentiel... ne se passe pas dans notre monde. Il n'y a rien ici !
C'est dans la Conscience qu'il y a tout, la Réalité. Il n'y a que la Conscience.
Chacun devrait dire : Je suis Cela... La Conscience Absolue, c'est Moi !

Comprendre qu'il n'y a que la Conscience qui existe et saisir que ta conscience individuelle est réellement cette Conscience infinie où tout est déjà... peut se réaliser en une fraction de seconde !
C'est changer ton regard : passer du rien au tout !
Dans leur expérience de découverte de Soi, beaucoup ont rencontré une impression de solitude, un ressenti d'être complètement livrés à eux-mêmes... Dans l'exploration de l'Être, en constatant que ce monde est "vide", l'impression d'isolement avec ce "goût" de néant peut être plus ou moins vécue fortement ; certains l'ont même dénommée "la nuit des sens". Face à tout inconnu, on peut se sentir désemparé, seul !
Dans le film "Contact" de Robert Zemeckis par exemple, Jodie Foster, scientifique installée dans la sphère d'exploration se voit

propulsée vers des vortex et autres dimensions… Il n'y a plus quelqu'un qui lui donne des conseils, pas de référents ! Il n'y a qu'elle, seule avec elle-même, dans sa capsule spatiale.
Pourquoi cette sensation de néant ?

C'est parce qu'il y a un énorme contraste entre ce que l'on croit réel… ce que l'on connait habituellement et ce qu'est vraiment la Réalité. Nous nous sommes tellement accoutumés à notre corps, nos sens, à être tournés vers l'extérieur, vers l'illusion de notre monde, qu'une fois le film enlevé, nous avons l'impression que plus rien n'existe !
Pourtant, c'est tout le contraire, c'est au-delà de cette vie fictive qu'est la Vérité !
Dans cette première exploration, avant de me percevoir la Totalité infinie, j'ai constaté le vide, le rien, "rien n'existe comme je le crois" ; j'avais perdu tous mes repères. Mais lors des expériences suivantes, ce moment ne sera plus empreint d'une si forte solitude, de déstabilisation car je savais vers qui j'allais : le Tout, le Moi infini ! Pour toi, il s'agit de profiter de ces découvertes, de cette connaissance pour saisir que l'inconnu s'est dépourvu de son insécurité car tu sais désormais qui tu Es, avec qui tu as rendez-vous : la Réalité de ton Moi illimité !

En plaçant ton attention vers l'extérieur, ce que tu crois voir est le film illusoire, le monde… Mais ici, il n'y a rien ! Ici, tout est illusion… Si ce que tu vois, ce que tu entends, ce que tu touches, ce que tu goûtes, ce que tu humes… n'existent pas ; si les émotions, les sentiments, le mental n'existent pas, si le passé et le futur n'existent pas…
Que reste-il ? Qu'y a-t-il ?

Il y a la Conscience, la Totalité, ce vaste Moi, cette infinitude que tu Es et que tu perçois quand tu choisis de tourner ton attention vers Toi-même !
Ton Moi illimité est grandiose. Il est Conscience infinie et éternelle, Cela, Je, la Source, l'Essence, l'Être, Dieu, Un, Tout, Tout Ce qui Est, Totalité…

Il est indescriptible et a donc une infinité de noms :

"Conscience" : exprime qu'il est conscient de Lui-même, de tout, qu'il est cette qualité de Connaissance illimitée, de Vérité et de Sagesse ultimes.

"Cela" : révèle qu'il est impersonnel, indéfinissable, insaisissable et néanmoins très présent.

"l'Être" : met en évidence son Existence, sa Réalité, sa valeur de Présence infinie partout présente.

"Un": parle de sa qualité d'Unité, d'Harmonie, d'Indivisibilité, d'Union, de Cohérence, de Perfection.

"Totalité" : capté avec insistance lors de mes explorations, exprime davantage qu'il contient Tout, qu'il englobe tout, qu'il est Plein, qu'il est Plénitude et que rien n'est en dehors. Il te conduit à saisir le mystère que, contrairement à ce que nous pensons habituellement, il n'y a absolument aucune séparation entre toi et **Tout Ce qui Existe** ou **Tout Ce qui Est**, visible et invisible, au-delà de toute description et de chaque imagination, au-delà du temps et de l'espace, qui surpasse tout ce qui peut être concevable, qui est éternité et infinité.

"Moi", "Je" : signifie à quel point il est celui ou celle qui dit : *moi,* qui dit : *je…* Il est donc au plus proche de toi ! Il t'amène à comprendre le secret de ta vastitude actuelle et de la grandeur de "chacun" : il n'y a que… l'unique Moi ! Il n'est aucunement inaccessible, dans un endroit lointain de pureté et de lumière ou pour plus tard. Non, en réalité, ce Moi est déjà présent… Je est déjà là, ici, partout ! C'est toi !

Qui es-tu ? Quelle est donc ta véritable identité ?

La Réalité est tellement inouïe, tellement insoupçonnée ; elle dépasse de loin tout ce que l'on peut concevoir. Ton identité n'est aucunement ton corps, ton nom, ton prénom, ton caractère, ton rôle… ta personnalité !
Ton identité Véritable est cette Réalité infinie au-delà du film : la Conscience Unique illimitée… Ce qui demeure éternellement et qui ne change pas !

Tu es la Conscience infinie qui s'explore Elle-même dans Elle-même, déguisée en ta conscience individuelle qui, comme une interface, te permet d'expérimenter la réalité virtuelle et vivre dans le jeu de la vie avec un programme de personnalité !
Tu es la Conscience Absolue complètement différente de la personnalité "programme" ! Tu es la Conscience en tant que Moi.
Crois-tu qu'il faille chercher loin ?
Non, le Je est toujours là ! C'est ta Conscience, ce que tu Es !

La perception de ta conscience individuelle, de ce moi-même que tu crois si limité, grandit jusqu'à l'infini, jusqu'à se révéler être la Conscience Absolue, la Totalité que tu es véritablement !
Ta conscience individuelle est la Conscience infinie !
Ta Réalité, tu la découvres à présent, tu peux te dire : *Je suis Conscience illimitée, Moi, Cela, Totalité !*

Expérimentation du Moi :

"Revenir au Moi illimité"

Cette expérimentation du "Rien au Tout"... je te la propose comme je l'ai vécue, avec les détails et les passages déconcertants, afin que tu puisses toi aussi la vivre, l'imaginer et ainsi augmenter et affiner ta perception, ta compréhension du Moi !

Imagine :

Tu te sens profondément détendu. Tu n'as plus envie de bouger... Tu ressens comme une forte pression au niveau du troisième œil, un engourdissement de tout le corps, une pesanteur... Tu as un grand bien-être...
Tu t'ouvres à la profondeur de Toi-même... Tu es juste à l'entrée du Silence, de cette immense Paix...
Tout ce qui t'entoure s'évanouit, s'efface, n'a plus d'existence...
Il n'y a plus rien de tout ce que tu crois connaitre : le monde disparait ainsi que l'univers, l'espace, le temps, l'humanité, la vie.

Tu constates : *Plus rien n'a d'existence… corps, cinq sens, personnalité, préférences, concepts, mémoire… plus rien n'existe… Il n'y a rien… rien, rien… c'est le vide…*

Après un moment, il y a un retournement complet. Tu as pris du recul et tu te demandes : *Mais… qui perçoit qu'il n'y a rien ? Qui ?* Et à ta grande surprise, tu saisis en un éclair : *C'est moi, moi-même ! C'est incroyable… Il n'y a que moi : conscience… je suis conscient de ma conscience, de ma présence et il n'y a rien d'autre...*

Ensuite, la perception de toi-même s'élargit de plus en plus : ta conscience individuelle, ton moi, devient si vaste qu'elle prend la mesure illimitée de… la Conscience infinie ! Et tu constates :
Je ne suis pas (ton prénom…) que je croyais être…
Je suis beaucoup plus, énormément plus que le corps, la vie…
Ma vraie Nature est immense, j'ai toujours été l'unique Moi ! Tu ressens : *Il n'y a que Moi grandiose, Moi seul, et rien d'autre…*
Je suis Conscience, Présence… Je suis la Présence à Moi-même, la Conscience de Moi-même…
C'est sublime ! Je suis ce Silence, cette Paix, cet Amour, cette Sérénité… et Je demeure dans cette Paix profonde… Emerveillé de ta Splendeur, tu te reconnais pleinement : *Je suis incommensurablement vaste, je suis l'infini, Tout Ce qui Est… j'englobe tout, c'est inimaginable… Je suis cette Conscience Absolue… depuis toujours ! Je suis Cela : c'est Moi… ma véritable identité !*
Je suis tellement vaste, Plénitude éternelle… Je suis…

L'expression "le Moi" peut avoir tendance à induire une distance… C'est pourquoi, dans de nombreux passages, je privilégie *"Moi" "Je"* plutôt que "le Moi, le Je" afin d'être fidèle à ce que j'ai vécu et surtout rendre ce Moi plus proche au point que chacun saisisse qu'il est sa véritable identité.

"Moi" insiste sur toute l'ampleur de notre infinité… avec l'innovation qu'il n'y a rien d'extérieur à Soi-même. Pour chacun d'entre nous, moi se révèle être Moi illimité ou Totalité indivisible. Chacun peut se dire : *Il n'y a absolument aucune séparation*

entre moi et Moi, cette Connexion est toujours présente.

Phrases d'inspiration et de méditation :

Je suis Cela, la Conscience pleinement éveillée, c'est Moi !

Je suis l'Être, je suis Moi infini... Un, Tout Ce qui Est.

Ma Réalité toujours présente est la Conscience Absolue que je suis depuis toujours !

CHAPITRE 2

2ème Exploration

Après plusieurs semaines se produit de lui-même un nouvel état particulier profond de conscience élargie…

Je ressens une grande détente, une pression au niveau du ventre, des fourmillements dans tout le corps… les pieds qui s'engourdissent…
De nouveau, j'ai cette forte impression que notre monde et tout ce que nous voyons habituellement n'existent pas…
Rien de ce qu'on croit n'est réel… Il n'y a rien ici… rien…
Je me sens encore descendre…
Je vois des boucles colorées bouger légèrement, des lignes de lumière et de toutes fines particules se mouvoir semblables à une bruine dont les gouttelettes extrêmement fines reflètent la lumière du soleil. Elles remplissent tout l'espace…
Entre les objets et mes yeux, rien n'est vide !

Je sens que ce que je vois vit…
Je distingue la structure interne de chaque chose comme si mon regard y pénétrait… Il y a une vie, une conscience dans

ce que je regarde… je suis uni à ce que je regarde… il y a une interrelation…
Et, soudain, je suis ce que je vois, je me reconnais en ce que je vois… Tout est Moi ! Cette porte, ce mur, cet arbre, la nature, les étoiles, l'univers… Je suis ce que je vois !
Ma perception fluctue…
Un grand silence m'envahit… un silence où vit un élan, une envie sereine de m'intérioriser davantage pour connaitre tout sur les questions essentielles de la vie… sur la Réalité…
C'est comme s'il m'était offert de rester longtemps dans ce silence, dans ce silence infini… qui est Tout… pour en explorer de multiples facettes…

Puis, progressivement… je perçois une présence puissante… je me sens regardé et cette possibilité d'être observé me dépasse en même temps… Elle est telle une vaste présence supérieure qui me regarde… Il en émane une forme de contact qui me remplit et de cette relation émerge une prodigieuse compréhension : Je suis cette Présence éternelle… toujours là, partout… toujours présente… Je suis cette Paix sublime, ce Silence profond…
Il n'y a plus de temps… c'est l'éternité. Il n'y a que l'Etre, il n'y a que Moi… la Conscience… Il n'y a que Cela !
J'ai l'impression d'être seul… avec Moi-même… avec ma Conscience… Je vis mon expérience Moi-même avec Moi-même…
Des compréhensions évidentes viennent sous forme de flashs. Ces précisions sont d'une simplicité et d'une clarté extraordinaires… Ce monde n'est pas la réalité. La Réalité est ailleurs… dans ce que je suis ! Je suis grand, beaucoup plus grand, immensément plus grand… La Réalité est que je suis infiniment vaste… Ce qui est réel, c'est que… Je Suis !

Après un moment, je suis conscient de toute la création en même temps… Tout est uni dans toutes les dimensions, dans tous les mondes ! Il n'y a pas de séparation... pas d'existence séparée, il n'y a que la Conscience, le Je suis… ce qui Est… ce qui ne change pas !

Ce qui est éternel, c'est la Conscience… Et la Conscience permet de voir qu'ici le monde n'existe pas… que seule la Conscience est la Réalité !
Vu d'où on est… on croit que le monde existe parce que l'on s'identifie à lui. Si on ne s'identifie plus, on comprend alors que… tout est illusion… et que rien de cette vie terrestre n'existe… Existe uniquement ce qui est éternel.

J'occupe tout l'espace… vers l'infini… et je suis tout l'espace en même temps : la Totalité.
Je perçois que ce monde… est telle une émanation… comme l'extrémité de l'extrémité de ce qui Est… de la Totalité…
Même si le monde dans lequel on vit n'est pas la réalité… je saisis clairement que tout y est précieux, chacun y est précieux, toute expérience est précieuse...
C'est la conscience individuelle qui expérimente… à travers l'illusion de la vie qui est comme un outil…
De la Conscience émane un film…
Elle "vient" dans l'illusion, dans ce qui n'existe pas… pour explorer, expérimenter… Elle crée son film, son rôle… c'est comme un amusement, une expérience… Elle explore toutes les dimensions… pour l'Amour de Ce qui Est… l'amour du jeu, pour l'amusement de l'exploration… dans la découverte d'Elle-même !
Cela ne s'arrête jamais… La Conscience s'amuse en expérimentant, en vivant l'expérience… La Totalité est consciente d'elle-même en étant consciente de Tout, elle unit tout… C'est-à-dire que la Conscience s'amuse en sachant qu'elle est de toute éternité…
La Conscience Absolue… est ici pour s'amuser en tant que conscience individuelle… et quand elle a fini la vie d'ici, elle "repart"… où elle est toujours… partout !

La vie est comme un jeu, elle n'est pas la réalité… on s'y amuse… Je perçois que rester dans la vie est aussi ma place pour unifier les dimensions, pour l'Amour de Ce qui Est, conscient que je suis ici et maintenant… dans ce monde… et, simultanément, partout ailleurs !

La compréhension s'accroit : Nous sommes comme une émanation ici sur Terre… et, en même temps, les expériences que nous y avons… sont importantes… Faire ses expériences permet de nouvelles connexions… de nouvelles compréhensions, de nouvelles données, de nouveaux élargissements : une plus vaste connaissance de sa Nature infinie !

Je ressens cet appui : Continue comme cela dans ce que tu fais !
Je saisis que la vie est un choix… Chacun choisit son rôle, ce qu'il veut vivre… Je choisis d'être aimé, je choisis d'aimer, je choisis d'être en bonne santé… C'est un choix…
Mais, bien entendu, on choisit en sachant que tout cela n'est pas réel… C'est plutôt : on choisit d'expérimenter quelques possibilités !

Ensuite, je me sens parfois ici dans ce monde, parfois ailleurs… ça fluctue ainsi… Des images s'estompent. Je vois des couleurs…

***

Cet état si particulier est une vraie bénédiction où je peux me ressourcer et découvrir les profondeurs de notre Nature Réelle.
Cette exploration était tellement gigantesque, extraordinaire !
Je reconnaissais le Moi, la Conscience dans tout, dans ce que je voyais, dans tout ce qui m'entourait… Tu t'imagines : *Tout était Moi !*

J'ai eu cette sensation que ma présence devenait vaste, j'étais la Présence qui occupait tout l'espace, qui était partout infinie, ce Moi sans limite, uni à Tout, toujours présent !
J'ai capté clairement que l'espace n'est pas vide, rien n'est vide !
La Réalité se situe au niveau de la Conscience qui est le Moi éternel. Tout existe en même temps parce que le Moi est partout en même temps ! J'ai perçu notre monde comme une émanation de la Totalité : c'est de la Conscience que se créent le virtuel, les différentes dimensions parallèles… Tout est uni.

Je ressentais que j'étais la Conscience Absolue dans l'éternité et, en même temps, cette identité de conscience individuelle dans le monde illusoire !
La vie dans cet hologramme m'est apparue comme un jeu avec des rôles, des missions à expérimenter qui permettent toujours de "découvrir" notre unique et même Nature profonde…
Chaque vie y est légère en tant que jeu virtuel et, à la fois, précieuse car chaque expérience est toujours un choix… du Moi !
Chacun est Conscience éternelle et peut donc s'y amuser le temps qu'il lui plait…

Je comprenais mieux que mon rôle, ma place, mon jeu actuel, est d'unifier les dimensions…

Ce que je vois, c'est Moi illimité !

"Ce que je perçois m'enseigne sur ce que Je suis qui est Moi.
Plus ma perception grandit, plus je me vois dans ma vastitude infinie."

Révélation :

Il y a une vie, une conscience dans ce que je vois ! Je suis uni à ce que je vois... je suis ce que je vois.
Je me reconnais : tout est Moi !

La Réalité est qu'il n'y a rien à l'extérieur du Moi, rien n'est séparé de Soi.
Il n'y a que Cela, le vaste Moi, Présence, Conscience infinie !
D'habitude, on regarde distraitement les objets, la nature et on les perçoit comme extérieurs à soi, en dehors, différents, coupés de soi... Or, quand on admire, quand on contemple une chaise, une fleur, un mur, toute notre attention est dirigée vers lui. On peut y voir et ressentir une profondeur, un relief, un mouvement, une ondulation, une vibration, une intériorité qui provoquent en nous une plus grande sensibilisation, une communion...
Cela t'arrive-t-il ?

Cette dynamique montre que derrière ses apparences, chaque forme ou objet a une vie, une conscience et rayonne cette joie : tu as avec lui une communication importante ! Et cette interrelation entre toi et l'objet peut te conduire à ressentir l'unité complète, à reconnaitre cette Connexion existante et te dire : *Je suis aussi la même Vie que celle de cet objet. La conscience de cet objet, c'est Moi, c'est la Conscience Unique infinie !*

Tu peux te retrouver subitement en admiration, en émerveillement devant trois petits brins d'herbe qui ont subsisté au nettoyage d'un parterre de splendides rosiers ! Tu peux être attendri par leur beauté, leur lumière, leur présence et ressentir leur joie de vivre, d'être là ! A ce moment, pour toi, ce sont ces trois herbes qui illuminent toute la plate-bande… Tu vibres avec leur joie, la joie de Tout Ce qui Est… et tu reconnais : *Je suis aussi cette Joie ! Cette Joie me parle de Moi !*

Tu peux te sentir relié, connecté au paysage, à l'espace, à la mer, aux étoiles, aux oiseaux, aux pierres, aux formes géométriques… et les percevoir plus remplis car tu captes la Vie, la Conscience et la musique qui les habitent… Un simple objet peut t'émouvoir par sa beauté si unique, par sa disponibilité, sa structure, son originalité, par son immuabilité, par le génie et l'art de son créateur, par sa profondeur... tu y perçois un reflet de Toi-même ! Quand tu es en admiration, tu ressens ta présence et ce qui t'émerveille devient plus présent, plus plein… Tu vibres avec ce qui vit, avec ce qui Est. Tu es plus dans la communication, dans une relation avec la joie, dans la Connexion.

Tout est là pour t'ouvrir à Cela ! Tout le virtuel que tu vois, que tu entends reflète la Conscience. Tout est toi-même, ce Moi illimité ! Un objet ou un petit détail quel qu'il soit, la moindre chose qui attire ton attention peut te faire sortir de l'ordinaire, de la routine et peut te propulser vers ta sublime Réalité à n'importe quel moment, dans n'importe quelle situation, car tout est Toi !

Même les rêves peuvent apporter ce déclic… Peu après cette exploration, alors que je faisais un rêve qui présentait la même situation que celle vécue juste avant de m'endormir, un simple détail, une légère incohérence m'a fait réaliser que je rêvais. Cette nuit-là, j'ai connu une vingtaine de rêves devenant conscients et avec lesquels, progressivement, j'ai pu interagir. L'expérience a encore été différente dans le dernier où, de mon lit, tout en restant

conscient que je rêvais, j'entendais le chant extérieur matinal des oiseaux…
C'est cette question qui me venait régulièrement : *Suis-je dans le rêve ou pas ?…* qui fut le déclencheur de la prise de conscience. Elle attirait mon attention sur un simple détail… étonnant !
Si n'importe quel détail de ta vie suffit, imagine : il y a donc pour toi une infinité d'opportunités pour t'ouvrir à Toi-même !

Chaque expérience de perception de cette Connexion vécue si intimement te sert de référence. Même si son intensité vient à diminuer, tu sais qu'elle est vraie, toujours existante, importante et elle t'apporte Joie et connaissance de ta Grandeur.
Ton regard vers l'extérieur n'est plus le même car tu connais que rien n'est vraiment extérieur et que tout ce que tu vois te parle de Toi, du Moi !

Puisque l'hologramme n'existe pas,… comment puis-je y voir le Moi ?

Le film n'existe pas comme tu le perçois. Effectivement, il n'y a rien de ce que tu crois, rien qui soit en dehors de la Totalité. Ta perception est limitée et tu t'identifies aux situations, aux décors du film… Dans la vision vaste, dans la Conscience, le film a seulement une existence en tant que représentations semblables à des données informatiques qui produisent une image sur l'écran d'un ordinateur ou comme un hologramme projeté dans l'espace !
Le film à lui seul ne pourrait être film, il est une émanation virtuelle du Moi, il est toujours ce même Moi en tant que reflet, que mise en image. Tu peux alors te dire : *Ce que je vois, c'est Moi, c'est une émanation de Moi, c'est une représentation du Moi, c'est toujours Moi parce qu'il n'y a que Moi !*
La sélection, la dissociation, l'isolement en considérant un objet, un individu, une situation "hors" du Tout Ce qui Est… créent l'illusion ! Il n'y a que l'unique Moi en toute chose.
Comme l'explique l'advaita, philosophie hindoue, les noms attribués aux objets créent une fausse idée de séparation alors que les

objets n'ont aucune réalité différenciée... L'homme a donné le nom table (ou chaise, armoire, barque, planche...) à une forme faite en bois, il a aussi donné le nom bois à un type de cellulose, il a donné le nom cellulose à un certain arrangement de molécules... Ce sont toujours des noms, des mots qui étiquettent des formes particulières ! En poursuivant vers les constituants de plus en plus petits de la matière, on passe aux atomes, puis aux électrons, aux particules dont les plus petites sont reconnues, tu le sais, comme de simples probabilités d'exister en de nombreux lieux de l'espace ! En partant de chaque objet, en recherchant ses constituants de base, on aboutit donc toujours à des ondes ou des probabilités d'existence dans de nombreux points de l'espace ! Tous les objets ont donc fondamentalement la même Nature !
Qu'est-ce qui sous-tend, qu'est-ce qui permet toutes les formes de vie et d'existence ?

Cette même Nature ! Cela, le Tout, la Conscience, l'Energie infinie. Car c'est la Conscience qui prend la forme de la table, la forme de ton corps, la forme de Tout ce qui est !

Comment mieux capter que tout est le Moi unique, la Conscience éternelle, et même le film que je vois ?

Pour mieux comprendre que tout l'hologramme est ce Moi, une émanation de la Totalité, le prolongement du Moi, je prends souvent l'exemple du Soleil, un Soleil immense dont émanent tant de rayons de lumière. Et l'extrémité de l'extrémité de l'un de ses rayonnements serait notre réalité virtuelle, notre monde d'ici, notre film. On pourrait dire que la Totalité, de toute éternité, est le Soleil immense et que l'infinité des plans manifestés, des univers avec toutes les dimensions, sont ses émanations, ses rayonnements. La Conscience Absolue, par sa propre Nature, est consciente d'elle-même et, de ce fait, rayonne tel un soleil grandiose. Cette comparaison nous fait saisir que, simplement par le fait d'Être... la Totalité rayonne spontanément et engendre l'hologramme infini de tous les films, de toutes les vies, de toutes les réalités, de tous les plans manifestés, de tous les univers...

La Totalité englobe et contient cet hologramme gigantesque.

La Conscience est Lumière, Amour infini qui soutient et sous-tend tout. Elle est aussi bien "Soleil", Source de toute énergie, Potentiel illimité, Présence, que "rayonnement", son prolongement, son émanation, notre monde… Il n'y a aucune séparation entre le "Soleil" et son "Rayonnement". La Totalité, la Conscience infinie est toujours Un ! Les émanations, tous les univers, les dimensions seraient depuis toujours… depuis toute éternité ; bien sûr, avec toutes les évolutions virtuelles des films.

Certains scientifiques affirment que notre univers existe depuis toujours, qu'il n'y a pas eu de big-bang. Notre univers illusoire, en tant que rayonnement de la Totalité éternelle, continuera probablement à jamais…

Ce qui est merveilleux, c'est que chaque émanation est la Conscience elle-même, chaque émanation a la propriété du Tout, de ce qui Est déjà… Souvent, tu as l'illusion de n'être qu'une infime étincelle mais, en réalité, tu es le Soleil lui-même dans toute sa splendeur !

Chacun est Totalité, même s'il se perçoit comme un simple et minuscule détail !

C'est avec un regard neuf, ample, dans la sérénité et l'admiration, que l'on perçoit le Soleil, qu'on ressent notre Totalité d'Être permanent dans chacun de ses rayons. A ce moment-là, on unit les dimensions dans le sens où on unit l'extrémité du rayon au Centre du Soleil : on ressent le Un que chacun Est.

La Réalité Ultime est qu'il n'y a que le Moi Unique, Cela et rien d'autre.

Phrases d'inspiration et de méditation :

Tout ce que je vois est le prolongement de Moi-même.

Ce que je vois, c'est Moi ; il n'y a que Moi, Totalité !

Tout ce que je vois me parle de Moi, tout ce qui m'entoure est Moi-même, Amour infini.

La Présence

"Ce qui est tellement proche de toi que rien ne peut ôter,
qui est toujours présent et d'où tout émane,
c'est ta présence... qui est La Présence !"

Révélation :

Je suis cette Présence éternelle, toujours là, partout, toujours présente. Je suis cette Paix sublime, ce Silence profond.
Il n'y a que l'Être, il n'y a que Moi, il n'y a que la Conscience... c'est ce que Je Suis !

Tu connais ta présence, tu la ressens souvent, tu as le sentiment qu'elle est au "centre" de ton être parce qu'en réalité elle est toi ! Tu l'appelles : *moi...* Tu te dis : *Je sens que c'est moi, je sens que j'existe...* Généralement, tu as tendance à la localiser, la délimiter dans un certain espace-temps, celui de ton corps, celui où tu te trouves... Tu sais aussi que ta présence ne te quitte jamais, même dans les rêves : alors que tu ne te vois pas ou que tu as un autre corps, tu sais que c'est toujours toi !

En réalité, ta présence est bien plus vaste que ce que l'on croit d'ordinaire : ta présence est immense, elle est Présence infinie, Moi éternel.
Aussi extraordinaire que cela puisse paraître, tu es toujours dans la Présence. Tu as bien entendu !

Tu es toujours dans la Présence même quand il t'arrive de la percevoir si limitée ou de l'oublier entièrement ! C'est ta Réalité ! Rien ne peut t'en séparer ! Cette Présence, ce Moi est toujours partout, en tout, là où règne également le Silence profond.

Le Message essentiel de ce livre est diffusé pour que tu découvres, que tu connaisses qui tu Es déjà, la Présence, la Conscience, la Totalité et pour te permettre de vivre pleinement cette Réalité infinie que tu Es !

Avoir d'abord connaissance de toi-même en tant que conscience individuelle, présence, pour ensuite discerner, saisir que ta présence est ce vaste Moi, Présence infinie !

Pour percevoir ta présence, il s'agit de comprendre qu'elle est toujours dans ton ici et maintenant où tu te trouves, c'est toi, ton identité, ta conscience individuelle !

Quelqu'un d'autre a son propre ici et maintenant ; chacun est donc dans un espace-temps particulier, dans un ici et maintenant différent avec sa propre conscience individuelle qui est où il se trouve lui-même !

Ressentir avant tout que tu es ici et maintenant dans ton espace-temps, c'est percevoir ta présence. La perception soutenue de toi-même, de ta présence, favorise ensuite son expansion...

Quand celle-ci s'élargit, elle s'étend au-delà de ton corps, de tes limites de temps et d'espace, tu perçois alors avec émerveillement ce que tu Es : la Présence illimitée depuis toujours ! C'est alors que tu es partout et "ton partout" englobe toutes les infinités d'ici et maintenant, celles de chaque présence individuelle de tous les univers et dimensions, qui se rejoignent et s'unissent dans l'Ici et maintenant, ce Présent éternel, au-delà du temps et de l'espace !

Tu es *"ici et maintenant et partout en même temps"* !

Tu reconnais ta présence comme étant la Présence qui englobe tout, la Conscience absolue !

Ta Nature d'Être est dans l'éternité, l'éternelle Présence, l'éternel Présent. Quand tu le sais, tu es dans la Joie, l'enthousiasme, tu es transformé, ta vie est changée.

C'est Ta Présence qui te procure ce bonheur, cette plénitude, ce vaste Potentiel... Le seul ici et maintenant qui valorise la Réalité

que tu Es est où tu te trouves quand tu as la perception de toi-même, de Ta Présence !
Même quand tu n'as plus la perception de Toi-même, que tu oublies ta grandiose Présence, tu sais qu'elle est toujours là, qu'elle est ta Nature.
De même quand tu oublies ta présence, tu sais qu'elle ne te quitte jamais puisque c'est toi, ton identité individuelle ; tu peux y revenir à loisir à n'importe quel moment !

Quand je ne perçois plus ma présence, quelle en est la cause ?

Quand tu te laisses accaparer par les pensées, les préoccupations, les doutes, les regrets, ton émotion, ton imagination, le passé qui n'est plus, le futur qui n'est pas encore, les buts à accomplir, ton action… c'est que tu as mis ton attention à l'extérieur, tu te laisses absorber par le film, le monde, ton rôle !
Lorsque tu t'identifies ainsi aux événements de ta vie, ton attention se porte uniquement sur ceux-ci ! Tu oublies alors ta présence individuelle et qui tu Es ! On pourrait dire que tu ne sais pas pleinement apprécier le cadeau que la vie t'apporte dans cet instant, ta présence, ta Joie profonde, tu ne les vois même pas ! Ta perception se limite uniquement au virtuel.
Tu en arrives même à oublier que tu as une attention et tu ne la diriges plus, tu ne sais rien faire d'autre que subir !
Alors que dire de Ta Présence qui est là où est ta présence, tu ne sais plus qu'elle existe. Quand tu oublies ta présence, tu oublies la perception de toi-même, ta joie dans l'expérience…
Le charme de la vie est de te découvrir, de te percevoir en tant que Totalité, Présence avec ce véhicule, ce corps, cette vie, cette personnalité, ce programme qui accompagnent ta présence !
Ta Réalité est toujours là, même si tu ne la perçois pas. D'ailleurs une fois que ton corps n'est plus, que tu ne sais plus t'y identifier, naturellement, tu perçois de nouveau pleinement que tu Es Tout !

Que faire pour ne plus subir et être dans la joie de la Présence ?

Qu'est-ce qui ne passe pas ? C'est l'éternité, Toi, Ta Présence ! Comme tu es éternel, tu es toujours dans cet état d'éternité alors que tout le reste passe…
Ce qu'il est important de comprendre est que chaque situation est constituée d'espace et de temps et, comme tout dans notre film de vie, elle finit par passer ! Si tu reviens et demeures en Ta Présence, à un moment, tu constates que la sensation, la situation finit par passer, telle une scène que tu regardais et qui disparait de ton écran. Et tu demeures dans la Joie, la sérénité, la quiétude, Ta Nature !

Il en est de même pour ta présence individuelle, c'est parce que tu reviens à ta présence que tu peux prendre du recul, laisser passer l'émotion, la contrariété, la pensée et ne plus subir !
Si tu constates qu'une pensée ou qu'une sensation désagréable vient, tu acceptes qu'elle soit là, mais comme tu es dans ta présence, tu as du recul, tu choisis de ne plus porter ton attention sur la contrariété, de placer ton attention ailleurs… Comme tu ne la nourris plus, cette pensée finit par disparaitre ; c'est comme si elle n'avait jamais existé !
Car c'est toi, par ton attention et ta présence qui est Présence et Energie, qui donnes vie à toute chose, qui crées ta réalité. Et tout est ainsi dans la vie ! Pour ne plus t'oublier, la clé est de prendre du temps pour toi-même et de prendre de la distance, du recul, de t'éloigner de l'identification, des préoccupations, du stress, pour ensuite diriger ton attention sur ta présence ; tu ne peux le faire évidemment que dans ton ici et maintenant !
Quand ton ici et maintenant est perçu, quand ta présence est ressentie, c'est un moment grandiose parce que tu peux alors prendre de la hauteur, t'élever au-dessus des apparences, du labyrinthe jusqu'à percevoir ta Présence !

C'est comme si tu choisissais de regarder la vie à travers un cône. Par un côté, la vue est très restreinte, tu ne sais pas ce que tu perçois, tu ne discernes pratiquement rien, tu ne parviens pas à comprendre ce que tu regardes. Si, au contraire, tu tiens le cône dans l'autre sens, tu as une vue d'ensemble, ta vision est en direction du plus vaste, tu peux alors remarquer et admirer tant de choses, comprendre réellement ce que tu vois… Tu reviens alors à Ta place, à ton Potentiel, à Toi, à Celui qui explore et expérimente la vie dans Sa complétude et non au film seul en lui-même !

Ton "ici et maintenant" où est ta présence individuelle est important car il est la porte ouverte à ta Présence illimitée, au Silence, à Cela. Une fois que ta perception s'élargit davantage, que ton attention devient plus vaste, alors tu discernes qu'en réalité ta présence est bien plus gigantesque… que d'ordinaire : ta présence est immense, elle est la Présence infinie, le Moi éternel.
Tu te rends rapidement compte que la création, la vie, c'est le cinéma que tu te fais à toi-même et qui émane de Toi !

Quand tu te places hors du film, hors de l'écran, tu captes que le film est projeté par Je, la Conscience ! Tu saisis qu'il n'y a rien d'autre que Toi, que tout est Un, Conscience, Présence !
Tout devient clair, la seule réponse est que je suis la Présence. Depuis toujours, je suis l'infinie Réalité de la Totalité. C'est incroyable, c'est tellement proche de moi-même, tellement présent que je ne le percevais pas !

Pourquoi ne pouvons-nous pas percevoir pleinement et continuellement la Présence infinie ?

On pourrait dire : parce que notre perception fluctue dans l'hologramme et que notre temps va beaucoup trop vite et change hâtivement les choses, dans nos activités, notre vie…
Comprends bien que la Totalité qui est immuabilité s'explore en même temps dans son infinie diversité. Et cette exploration se fait dans le changement, le variable, sinon comment explorer le domaine de toutes les possibilités, de tous ces détails ?
La vie est faite de fluctuations modulables; sans celles-ci, il n'y a plus d'expériences différentes ! Tu es dans cette vie pour te connaitre, te découvrir dans ton infinité… si tu as toujours la même expérience, comment découvrir, créer ?

C'est la variété des expérimentations qui fait la vie et de manière plus large, la connaissance, la découverte de Soi ! Cette fluctuation, ce va-et-vient vers Soi, est cette Connaissance, cette Joie immense d'Être Tout vers l'infini, Totalité !

Quand la perception de la Conscience s'élargit, il y a une dilatation de l'espace-temps, tellement énorme... qu'en quelques secondes, c'est l'éternité : le temps s'est arrêté... l'espace englobe tout !

Lors des explorations, souvent je disais : *Je suis au-delà du temps, le temps s'arrête de tourner...* A ces moments uniques, le temps se dilatait tellement que c'était l'éternité omniprésente, le présent éternel, la Présence !

Quand tu es au-delà du temps, au-delà de la succession, au-delà de la précipitation, quand ta présence s'étire et s'allonge jusqu'à ce qu'elle englobe tout... tu perçois alors clairement ta Présence, l'éternité, dans l'instant. Ta Réalité infinie où Tu te trouves, toujours, partout !

Ta Réalité, c'est que tu es toujours le Présent, toujours la Présence, toujours la Conscience, toujours la Totalité !

Tu es toutes les créations à la fois, tu as toutes les attentions à la fois, toutes les vies, toutes les consciences et les présences individuelles, tu connais en même temps toutes les explorations de Toi-même. Tu es le Présent éternel et, dans cet éternel Présent, tu ne fais qu'Un avec Ce qui Est ! La Connexion avec Tout Ce qui Est ne demande pas de temps de propagation, elle est instantanée, Absolue ! Tu es déjà depuis toujours la Totalité... indissociable de toi-même, de ta présence.

Tu es dans l'infini, dans l'éternel Présent de ce moment où est ta présence individuelle et en tout moment. Comme tout est uni dans ce Présent, il n'y a jamais de séparation, tu es toujours dans la Présence infinie, le Silence, la Conscience ; ce n'est que ta perception qui varie !

Ta Présence est partout, déjà là où tu te trouves. Comme tu sais que ta perception fluctue, le mieux est de prendre l'habitude de te donner du temps pour toi-même, de prendre du recul quelques minutes tous les jours et te permettre de t'en souvenir, de te replonger dedans, de percevoir davantage ta Réalité et capter ce que Tu Es !

Que faire pour revenir rapidement vers moi-même lorsque je me suis identifié ?

Il est important de saisir que derrière ton regard, il y a... ton attention, ta conscience, ta présence, toi-même, qui se révèlent être la Présence, le Moi, l'Attention, la Conscience Absolue, Cela ! C'est ta véritable Nature d'Être éternel.
Où tu mets ton attention est ta présence !
Es-tu toujours conscient de ton attention ?

Car chaque fois que tu as conscience de ton attention, alors tu perçois ta présence ! Quand tu perçois l'instant présent, ton ici et maintenant, c'est que ton attention est sur ta présence... tu as mis ta conscience sur ta présence, tu es conscient de toi-même : ta perception peut alors s'élargir jusqu'à percevoir Ta Présence car elles sont liées et ne font qu'Un !
Une fois que tu as conscience d'où tu mets ton attention, tu sais que celui qui regarde, qui est présent, c'est toi !
Et quand tu perçois que tu es ici et maintenant où tu te trouves, tu peux ressentir que ton moi devient plus vaste, *ici et maintenant et partout en même temps*, ta présence englobe tout vers l'infini ; à ce moment, tu as conscience que tout est Toi-même !

Ta présence, c'est toi, même dans l'identification ; c'est pourquoi tu peux toujours y revenir !
Dans une situation d'identification, un des moyens simples est de lâcher prise, de déplacer, de diriger ton attention ailleurs comme si tu devenais spectateur.
Tu peux par exemple la placer sur ce que la situation provoque à travers ton corps, sur tes sensations physiques qui traduisent tes pensées et émotions... en remarquant simplement, sans jugement, ce que tu ressens : fatigue, lourdeur, nervosité, tensions, crampes, pincements...

Une nouvelle façon de percevoir promptement ta présence est de mettre ton attention sur la haute Vibration que tu captes peut-être déjà et de constater ce que tu ressens sans analyser, sans in-

terpréter : *J'ai une fraicheur aux mains, une pression ou une pulsation à la tête, un sifflement aux oreilles, un bien-être, une sérénité, des picotements dans les bras, les mains ou mon corps semble s'allonger…* En faisant ainsi, tu constates rapidement que ton expérimentation change, le stress s'estompe, l'estomac se dénoue… la détente, le calme s'installe ! Tu as à nouveau la perception de toi-même car ton attention n'est plus sur la situation et les désagréments engendrés, tu l'as dirigée sur la Vibration, sur la sensation en elle-même, vers toi, ta présence.
Une manière différente est de mettre ton attention sur ta respiration, ton inspiration, ton expiration, avec son propre rythme ou, éventuellement, en allongeant ton temps d'expiration et/ou de rétention et/ou d'inspiration.
Ou encore d'écouter le silence, le son qu'il se produit à tes oreilles.
Une autre méthode pratique est de répéter, tel un mantra, un mot, un groupe de mots ou une phrase comme celles que ce livre te propose. La Vibration Absolue des mots, lien direct avec ton infinité, te permet de percevoir davantage ta présence individuelle qui s'ouvre à Ta Présence illimitée.
Répéter ce mantra avec douceur, à intervalles réguliers, en te laissant imprégner par les moments où tu le dis et aussi par les moments de silence où tu ne le dis pas, est un moyen de plus pour rendre ta présence plus perceptible, plus apparente, plus "présente", même si elle est toujours là !
Bien sûr, il est inutile de se braquer sur le mantra, tu peux le répéter peu ou de nombreuses fois, le dire à voix haute, le murmurer ou le prononcer mentalement, puis le lâcher, c'est toujours bien ! L'objectif est la perception de ta présence qui, comme une toile de fond, refait surface.

Le ressenti du corps, la Vibration, la respiration, le son, le silence, le mantra sont là pour que tu délaisses l'identification aux pensées, aux rôles, à la situation et que tu reviennes à toi pour ensuite transcender et revenir à Ta Présence, à ce que tu Es déjà ; tu sais alors qui Tu Es. Et c'est Cela qui est "au-delà" du film, éternellement présent, toujours partout !

Comme tu portes l'attention sur ce que tu Es vraiment, cette Vibration de contentement attire naturellement la joie, la plénitude que tu veux vivre dans ta vie…

La vie te donne des tas d'opportunités pour vivre ta présence et te rendre compte qu'elle est la Présence infinie. Ce jeu, c'est la mise en image, c'est l'immense Présence se déguisant en la présence individuelle qui se croit si limitée, coupée de tout. Comprends bien que chaque fois que tu ressens une quiétude, une joie, un silence, un amour… aussi minimes soient-ils, c'est déjà la perception de ce même et unique Moi, de la Présence qui ne te quitte jamais ! Paix, sérénité, silence, calme, détente, joie sont donc comme des piliers, des références car quand tu les vis, tu captes ta présence, cette connexion directe avec le vaste Moi infini !

Dans l'éternel Présent, tu ne fais qu'Un avec tous les instants ; ton attention est portée vers Toi, vers ce qui est le vaste Moi, la Présence, la Conscience, la Quiétude, la Joie…

Tu as toujours la possibilité de revenir au Moi,… au Silence, à l'écoute, à ta Présence, au moment Présent dans lequel tu perçois davantage ce que Tu Es, la Totalité, comme si tu t'observais en même temps de près et de loin ! Ce "contact" dans la perception grandissante du Moi infini devient ton référent !

Une fois que tu captes cette immense Vérité de ton expérience, tu sais d'une part que ce Moi infini est ta Réalité et d'autre part que tu es toujours dans la Connexion la plus Absolue avec la Totalité, la Présence sans aucune interruption, à tout instant ! Rien ne peut t'ôter ta Présence. Même si tu ne la ressens pas, Elle est toujours sous-jacente… Elle ne te quitte pas un seul instant puisque c'est Toi-même ! Cette connaissance te rend libre et plus joyeux dans toute situation !

Tu es donc toujours Présence Infinie… et pour être cette Présence, il n'y a rien à faire !

C'est pour mieux la percevoir qu'il est essentiel de t'ouvrir, de diriger ton attention vers toi-même et ressentir ta présence qui est la Présence, Ce qui Est, l'unique Réalité !

Tu te rendras vite compte que tout le reste a très peu d'importance, tout le reste, c'est le cinéma que tu te fais à Toi-même !

Il ne m'est pas possible de consacrer tout mon temps pour avoir exclusivement mon attention sur ma présence... comment faire ?

Il est intéressant d'insérer dans ta journée ne fusse qu'un ou plusieurs petits moments pour te relâcher, pour te relaxer, pour méditer car être apaisé permet de nouvelles compréhensions, de t'ouvrir à de nouveaux horizons et perceptions de Ta vastitude du Moi en dirigeant ton attention vers Toi.
Quand tu prends le temps de te détendre, que tu contemples ou que tu médites, il n'y a plus d'analyses, plus de distractions extérieures, plus de remous ; tu laisses passer les pensées sans t'y accrocher. Tu "descends" dans un monde de sérénité, de plénitude. Tu as accès à une autre perception au niveau transcendant, au niveau du Silence profond.
Dans cet état vibratoire qui peut durer une fraction de seconde ou être plus ou moins long, tu es rempli de ta Présence, elle te nourrit. Il pourrait même y avoir une ou plusieurs pensées, peu importe puisqu'il n'y a, en réalité, que ton Moi profond qui est là toujours Présent. Tu y reviens constamment et ta conscience individuelle s'ouvre sur la Conscience que tu es Véritablement : Conscience Absolue infinie qui est Présence, Paix, Amour, Joie…
Les bénéfices de cette détente, les yeux fermés ou les yeux ouverts, ne visent pas seulement ces moments d'intériorisation, ils sont pour toute la journée. Tu constates ensuite que tu as plus de spontanéité pour revenir à la conscience de ce que tu Es à tous les moments, même dans l'activité… Lors de chaque évènement que tu vis, tu peux plus aisément avoir du recul, être dans l'acceptation et porter l'attention vers Toi-même, Ta Présence : ton mental en vient à se taire et tes émotions à disparaître…

Dans ce calme, la paix est installée, ta vision est plus claire et tu as un état d'ouverture, de vigilance, de conscience autre de ce qui t'entoure, de ce que tu vis. Tu es attentif et détendu à la fois ! Tu peux avec fluidité passer à autre chose parce que tes impressions

sont instantanées, tu ne leur accordes que l'importance et la durée qui leur sont dues… Tu agis en fonction d'une plus grande joie, d'un meilleur confort, d'une paix plus profonde, de plus d'agréments, de confiance, d'assurance qui t'aident à comprendre plus largement et à accomplir tes actions de façon plus cohérente et constructive.
C'est parce que la détente, le silence te fait percevoir davantage le Moi, la Présence, que s'ouvrent une plus grande compréhension et une disposition plus adéquate pour accomplir ainsi tes actions fructueuses. La relaxation ou chaque moment où tu perçois davantage ta Présence favorise cette approche, elle est constructive, confortable, elle dissout les problèmes, amène la solution, te met à l'aise et engendre le bien-être et l'Amour pour toi et autour de toi.

En réalité, c'est ce que nous cherchons tous instinctivement : aller toujours dans le sens de plus de joie, plus de contentement car notre Nature d'Être est Plénitude et Félicité infinies !

Expérimentation de la Présence :

"Ressentir la Présence"

Voici de manière détaillée et afin que tu puisses te l'approprier la façon dont j'ai perçu cette puissante Présence lors de mon exploration.

Imagine :

Tu es seul, assis confortablement dans ta chambre, détendu, tu sens un grand apaisement intérieur avec une sensation de légèreté, c'est très agréable. Tu prends de plus en plus de recul, tout ce qui t'entoure s'estompe… Tu es tellement dans le présent que tu perds jusqu'à la mémoire de ton existence sur Terre… tu perds tout ce que tu connais, tous tes repères, ta personne ; tu sors de cette réalité de film, comme guidé vers des expériences plus profondes, tu t'abandonnes...

Après un moment, il n'y a que toi... rien que toi et un profond silence... Soudain, tu as l'étrange sensation d'être regardé de l'extérieur... comme par une présence : *Qui me regarde de l'extérieur, qui ?* Plus tu portes ton attention sur elle, plus elle t'emplit.

Il y a une paix si profonde... puis progressivement, ta perception grandit... Après un vertige... une sensation de liberté et d'expansion s'installe... jusqu'à percevoir cette évidence, si incroyable, si éblouissante : *Cette vaste Présence, si protectrice, si bienveillante, si aimante... c'est Moi-même ! La Présence de Tout Ce qui Est... du Tout qui emplit tout !*

Et tu te reconnais pleinement : *Cette Présence infinie, c'est Moi-même, ce que j'ai toujours été... Joie, Félicité, Amour, Conscience infinie.*

Il n'y a que Cela... Il n'y a que Moi !

Le silence peut donc m'apporter beaucoup, comment faire pour en profiter ?

Le silence est la base de tout et sous-tend toute chose. Quand tu es dans le silence, tu es dans ta présence, tu peux te sentir relié, remarquer que tu es toujours connecté et percevoir la joie ; c'est une joie dans la paix.

Tu connais ce Silence ! Or, fréquemment, des moments de Silence intérieur profond où la perception de ta Présence serait plus évidente peuvent passer pour des moments de silence habituel... Tu te dis : Il n'y a plus de bruit, c'est le silence ; c'est normal, dans le silence, il n'y a rien !... Et tu ne portes pas ton attention sur le silence, tu le crois superficiel...

Mais, dans tout silence, le Silence profond est là, sous-jacent ! Ce Moi, cette puissante Présence est toujours là, la Présence de Tout Ce qui Est, la Totalité qui englobe tout. Il n'y a pas de séparation ! Quand tu n'es pas suffisamment attentif à un niveau profond, ton expérience passe pour un silence normal... Sais-tu qu'à certains

moments dans le silence, tu "switches", tu passes de l'un à l'autre en une fraction de seconde : tu as la perception plus vaste, puis tu reviens à la perception limitée ?
Parfois, ce saut dans le Silence Absolu est tellement court que tu crois qu'il ne s'est rien passé.
Parfois, ce saut est un peu plus long et tu ressens une paix ou un étourdissement, un vertige, tu entends un sifflement ou tu as des sensations particulières dans le corps : chaleur, fraicheur, picotements, pression...
Parfois, le saut est plus long, tu es rempli et tu en reviens bouleversé, transformé. Tu sais que, dans le silence, tout est là ! L'Être est là, ton Véritable Moi est là à chaque instant !

Expérimentation de Silence :

"Observer le silence"

Tu peux t'arrêter de lire un instant... Garde les yeux ouverts et reste quelques minutes dans le silence avant de poursuivre ta lecture...

Alors tu as ressenti ?
Si c'est le cas, c'est magnifique, tu commences à te percevoir Toi-même... C'est le rendez-vous avec soi, le Moi infini !

Ou tu as eu l'impression qu'il n'y a rien ? Il n'y a pas de bruit, c'est le silence... Tu ne perçois que le silence...
Parfait ! Dans le silence, qu'y a-t-il ? Tout est contenu dans le silence. Même si tu ne perçois rien, il y a toujours ta Présence, ta Conscience. C'est le rendez-vous avec soi, le Moi infini !

Ou tu étais les yeux ouverts et tu ne faisais que regarder ?
Parfait !... Qu'est-ce qui est derrière ton regard ? Que pourrait-il bien y avoir ? C'est toi, c'est Toi-même, c'est l'attention, la Conscience, la Présence. C'est toujours le rendez-vous avec... soi, le Moi infini !

Phrases d'inspiration et de méditation :

J'ai la perception directe de Moi-même, Je suis la Présence de Tout Ce qui Est qui emplit tout... Il n'y a que Moi tellement infini.

Dans le silence de l'instant, je perçois la Présence, ma vastitude, la Totalité.

Ma présence, je la perçois à l'infini : c'est ma Réalité ! Je suis dans la reconnaissance de Moi-même.

J'ai continuellement mon attention sur ma présence, je suis conscient de ma Présence illimitée.

Le grand Jeu du Je

"Ce que je vois, c'est Moi. Il n'y a que Moi,
je me fais un cinéma à moi-même.
Dans ce film magnifique et grandiose de la vie,
je joue et m'y amuse, je suis le Maitre du jeu !"

Révélation :

De la Conscience émane l'hologramme : elle "vient" dans l'illusion, elle "crée" ses rôles, ses expériences... La Conscience manifeste toutes les dimensions pour l'Amour de Ce qui Est, l'amour du jeu, l'amour de la découverte dans l'exploration d'Elle-même.
La Conscience s'amuse en sachant qu'elle est de toute éternité !

C'est donc la Conscience que je suis qui joue dans l'expérience de la vie ?

Chaque vie est toujours indissociablement unie au Tout, à la Conscience ! Ta vie, c'est comme si elle se déroulait dans un tableau, un cadre, une magnifique peinture et tu la découvres avec tout ce qu'elle t'apporte : les nouveaux évènements, la nature, les rencontres, les changements de situations ; tu vis de nouvelles aventures au fur et à mesure. Le tableau est déjà bien étoffé, tu vis dedans et tu poursuis tes occupations, tes rôles et tu ne perçois

rien d'autre... Jusqu'au jour où tu te rends compte que quelqu'un est en train de peindre ce tableau, cette précieuse fresque, ta vie ! Il dessine et colore avec doigté, précision et sens du détail ; du grand art, un vrai chef d'œuvre ! Et le plus magique est quand tu réalises : *Cet artiste, ce peintre talentueux, c'est Moi !*
Tu découvres que tu n'es pas uniquement comme tu le croyais dans le tableau de ta vie ! Tu es aussi au-delà.
En réalité, tu es même en train de peindre de nombreux tableaux de vie à la fois... à l'infini.
Ainsi, ta conscience individuelle, celle du tableau de ta vie, peut s'ouvrir et ressentir ta propre Nature, le grand Artiste, la Conscience, le vaste Je suis !
Et pourquoi ta conscience individuelle peut-elle ressentir la Conscience, l'Être, la Totalité ?

Parce que tu es toujours cette Conscience infinie qui prend l'aspect de ta conscience individuelle ! Même quand tu ne le sais pas ou que tu l'as oublié. Si ce n'était pas le cas, tu ne pourrais jamais la percevoir, la ressentir, jamais en faire l'expérience ne fut-ce qu'un instant ! Tu es déjà Conscience Absolue, tu es déjà Cela !

Que fait la Conscience dans ce jeu de la vie ?

Elle Est... Elle s'explore en Elle-même dans l'expérience de la vie. On pourrait dire : elle joue, elle s'amuse, elle se distribue d'innombrables rôles, elle se peint une infinité de tableaux... Elle est Toi. Tu es Conscience dans l'éternité et tu es dans ce monde illusoire !
Plus tu t'aperçois que la vie est un jeu, que tu es tout autre, énormément plus qu'une simple conscience "limitée", que tu es au-delà, que tu as toutes les cartes en main, plus tu peux t'amuser et moduler le jeu comme tu le souhaites !

Pourquoi dire que c'est un jeu ?

Ce monde qui existe ici est illusion, mais c'est une émanation du Moi, c'est du Je que tu es que tout se crée. Tu as programmé un jeu fictif et tu y joues. Tu te donnes un rôle, une mission pour t'amuser le temps que tu veux puisque tu es éternel. Ensuite, quand tu veux partir de ce monde, tu te défais de ton rôle, de ta vie, tu arrêtes de jouer, tu laisses tout derrière toi,… tu pars et tu reviens à ce que tu as toujours été ! Mais ce n'est pas vraiment que tu "laisses tout derrière toi" car tu te rends compte que rien n'a jamais réellement existé, que le monde est illusoire. Et ce n'est pas non plus que tu "reviens" à l'éternité car tu n'en es jamais "parti" ; tu es toujours "dedans", tu n'es jamais hors du Moi, hors de l'éternité, de la Conscience, c'est impossible ! Tu es Je, Totalité ! Quoi que tu fasses, tu es toujours ce Moi Absolu !

Comment comprendre que c'est Moi-même, ce Moi qui a tout créé et qui se peint plusieurs tableaux à la fois ?

Il est nécessaire de bien saisir qu'il n'existe qu'un seul Moi, qu'un seul Je ! Ton Je est aussi mon Je, c'est le même Je, il est le Je de chacun ! Je est Un !

Je, Conscience infinie est aussi la conscience individuelle de chacun, elles sont unies et indissociables ! Ce Je unique s'offre le grand jeu ! Il se peint une multitude de tableaux virtuels, il se projette une foule de scénarios illusoires. Dans ce grand Jeu, le Je unique, la Conscience, connait tout, perçoit tout, est la Joie, la béatitude permanente…

Je éternel est Tout. Je est Cela. Je a connaissance de son Potentiel illimité, Je Est ! Je, la Conscience que tu es, s'explore Elle-même dans l'infinité de possibilités, d'expériences, de jeux, c'est comme si elle "se projette une multitude de films" dans d'innombrables dimensions et univers parallèles. Ces différentes dimensions sont tes gigantesques terrains de jeux, tes grandissimes terrains de découvertes… et ils sont virtuels !

Je est le Tout uni en même temps ; mais puisque dans ce monde virtuel, nous sommes conscients d'un aspect à la fois, d'une seule vie à la fois, parlons maintenant d'une vie du film, d'un seul jeu : de Je qui s'explore virtuellement sur la Terre en tant que toi !

Je, Conscience infinie, est aussi ta conscience individuelle du je ; toi. Ce film est "projeté", ta vie se déroule… tu grandis, tu vas à la rencontre d'un tas d'individus, d'activités, de régions, de sentiments. Tu as de nombreuses expériences et :
° soit tu es, en tant que conscience individuelle, identifié complètement au film. (toi "film ")
° soit, tu te rends compte que tu es au-delà du film, immensément plus grand que le film, que tu es Conscience infinie, Totalité, Cela. (toi " Cela ")

Si tu t'identifies à ta vie (toi "film "), tu t'identifies à ton corps, à tes pensées, à tes croyances, à tes concepts, à tes émotions, à tes activités, à tes possessions… Tu ne crois que ce que tu vois, tu penses qu'il faut mériter pour avoir plus… Bien sûr, tu as beaucoup d'occasions de faire la fête, n'empêche que souvent tu luttes pour avoir une vie meilleure, tu dois paraitre, tu ne te sens pas reconnu, tu as l'impression de subir, d'être limité...

Si, maintenant, tu captes et comprends que tu es au-delà du film, énormément plus considérable que le film, que tu es Cela (toi "Cela"), tu t'exclames : "Waouh… Est-ce possible que je me sois trompé si longtemps ? Ça, c'est un jeu : arriver pendant tout ce temps à me faire croire que j'étais si petit, si minuscule ! J'ai enfin ouvert les yeux. Je me suis enfin ouvert à Moi-même, à la Vérité, à mon infinité. Je me sens libre, grandiose, tout est si simple. Je sais à présent que je suis Tout, que je suis Joie, Paix, Amour… que c'est ma Nature. Je suis déjà Cela ! A certains moments, je le perçois, je le ressens nettement, je suis cette Présence, cette sérénité, cette béatitude qui ne me quittent plus ; elles deviennent simplement sous-jacentes quand je les ressens moins !
Puisque je suis déjà la Totalité, que je suis déjà Tout, que j'ai déjà tout, alors autant m'amuser, sourire, rire, être bien ! Il n'y a pas d'analyse à avoir. Je m'amuse, tout simplement, dans l'innocence, un peu comme un enfant, dans la confiance et la joie de l'instant. Je suis heureux et je souhaite le bien pour tous… en sachant que tous, que chacun, c'est Je, c'est Moi-même, la Totalité !

J'ai même une impression d'unité avec tout ce qui m'entoure, la vie, l'univers, avec les dimensions parallèles, avec l'éternité. Je sais que tout est possible à tout moment. Je joue dans le domaine de toutes les possibilités, je manifeste, je crée ce que je veux créer aujourd'hui, je peux choisir et je me dis : Tiens, je vais vivre ceci ou tiens, je vais plutôt faire cette activité qui m'amuse…

Finalement, j'ai un monde immense à explorer, un monde d'expériences, de couleurs, de formes, de sensations ; c'est immensément riche au niveau de tout ce que je peux expérimenter.

Parfois, le mental peut se remettre à tourner… mais il y a toujours cette Présence de Moi-même, cette conscience, cette connaissance de qui je suis… et je m'amuse encore avec la certitude que Je suis Tout. C'est magnifique, maintenant que je me perçois illimité et aucunement comme une individualité séparée, enfermée dans un corps et dans une vie, je prends plus de recul, je ne m'identifie plus aux problèmes, aux soucis. Ils n'existent même pas !

Il n'y a que le Moi infini que je suis en fait, il n'y a rien d'autre. Je sais qu'ici, sur Terre, c'est un film : il n'y a personne qui souffre, personne qui se tracasse, personne qui a faim, personne qui meure. Tout cela est virtuel. Ce ne sont que des scénarios, des histoires, des probabilités… mais, en même temps, dans ce que je vois, il n'y a rien qui soit séparé de Moi.

Tout cela, c'est le jeu de la Conscience, le jeu du Je.

J'ai "perdu" des êtres chers, mais je sais que la perte est illusion et qu'ils sont à jamais… puisque tout est connecté et qu'il n'y a que le Je. Quelle légèreté ! Beaucoup de mes anciennes croyances sont tombées. Je me sens libre !

Je peux rester dans cet état de tranquillité, d'ouverture, d'unité et m'émerveiller de vraiment tout ce qui m'entoure, de cette intelligence infinie, de tout ce fantastique film de la création ; je profite pleinement de chaque instant, de ce cadeau de la vie ! Je suis Tout, la Totalité, "tous" nous sommes Je, Cela et je sais qu'il n'y a rien à faire de spécifique, que je peux vivre ce que je veux, toute expérience est bonne puisque je suis déjà Tout !

Je peux suivre mes aspirations, mes désirs. Ceux-ci sont devenus colorés de cette même paix, de cette même joie.

Je fais tout ce que j'aime, je joue mon rôle, et dans tout ce que je regarde, je vois la joie, l'Amour, l'abondance, la Perfection. J'ai envie de soutenir la vie, chacun est si merveilleux.
Souvent, je me prends à rire. La vie me parait être un film non seulement cosmique mais surtout comique : il n'y a rien de spécial à effectuer, il n'y a qu'à se réjouir de ce que l'on Est et de vivre pleinement chaque moment puisqu'on est toute la vie et bien au-delà aussi ! Et dire que beaucoup de gens vivent leur film et s'affairent de tous les côtés sans avoir la moindre idée de leur vastitude, de leur immensité… Il y a certainement un ordre dans tout cela et, le moment venu, ils s'ouvriront aussi à ce qu'ils sont. Ce moment est peut-être très proche…
Dans ce grand jeu du Je, il n'y a pas de perdants, chacun est gagnant puisque chacun est Cela, mais tout le monde ne le sait pas. J'aimerais tant que tous le sachent, chacun vivrait alors autrement avec plus de bonheur. Ce serait gigantesque et changerait notre monde, j'émets l'intention qu'il en soit ainsi rapidement !
En réalité, il n'y a que le Je, ce que chacun est vraiment ; tout le reste forme des jeux de rôles virtuels, des joueurs irréels sur un terrain d'aventures fictif !
Toutes les potentialités sont déjà là dans la Conscience que chacun est depuis toujours au-delà du temps. C'est pour ça que je peux me sentir léger et que j'ai envie de rire…
Maintenant, je sais que connaitre la Vérité, savoir que je suis au-delà du film, que je suis déjà tout, infiniment plus que ce que je pouvais imaginer, me libère complètement ; c'est vraiment grandiose !"

Que faire pour que ton histoire de vie devienne toi "Cela" ?

T'ouvrir ! T'ouvrir ! T'ouvrir à ce que tu Es vraiment : Totalité… T'autoriser à percevoir ta Véritable identité, ta Nature d'Être. Découvrir ton Potentiel inné qui dépasse l'entendement. Tout, jusqu'aux plus simples détails, t'enseigne et te parle de toi "Cela".

Il n'est plus nécessaire d'attendre pour t'interroger : *Suis-je dans un film, dans un jeu ou pas ? Suis-je plus que ce que je vois habituellement ou pas ?* Ni pour accueillir à bras ouverts cette Vérité : *Je suis ce qui a toujours été, je suis Tout, Conscience illimitée, Moi infini !*

Avec cette connaissance, tu as toutes les cartes en main et même tous les jokers. Avec tous les jokers, tu t'amuses à tous les coups ! Tu es devenu Maître du Jeu. Et tu peux partager les jokers, ce savoir immense, avec les autres tout en sachant que les autres sont Je aussi !

Expérimentation de perception plus large :

"Loin de ton corps"

Imagine :

Tu es chez toi avec ta famille, des amis. Vois cette pièce de ta maison et ceux qui y sont présents autour de toi.

Tu te sens détendu, apaisé et, tout en gardant les yeux ouverts, subitement, ta perception change. Tu es dans un état particulier où tu as plus de recul. Comme par magie, ton propre regard s'amplifie, tu te vois de plus loin, depuis la hauteur du plafond, un peu comme si tu étais une caméra de surveillance qui voit tout, qui observe les détails de la scène, qui voit tous ces gens, y compris toi-même, dans la pièce… Et tu te dis en te regardant : *Celui-là que je vois, ce n'est pas vraiment moi, je ne suis pas limité à ce rôle… à ce corps… à cette situation… je suis immensément plus.*

Et tu peux continuer et aller plus loin… Tu prends davantage de hauteur, jusqu'au toit de ta maison, jusqu'aux nuages et ta perception grandit sans cesse. Tu découvres tout ton cadre de vie, ta région, ton pays…

Tu t'éloignes de plus en plus et tu contemples la Terre, le système solaire, notre galaxie, les univers… Tu te découvres, tu es partout et tu te dis : *Je suis toute cette immense création et je suis infiniment plus… Je suis la Totalité, l'unique Moi infini…*

Tu vois plus quand ta perception s'affine… Cependant Tout est déjà là depuis toujours : Je, ce Moi infini que tu es a toujours été présent. La Conscience est toujours là, complète, infinie… C'est ta perception, ta compréhension et ta connaissance qui changent, qui s'élargissent dans la découverte de ce que Tu Es déjà !

Phrases d'inspiration et de méditation :

La vie est Joie et amusement dans la découverte infinie de Moi-même.

Tout est déjà réalisé, je suis déjà Tout, ici et partout ailleurs, c'est pourquoi tout m'apparait comme un jeu.

Toute expérience, toute sensation est un jeu de découverte de ce que Je suis déjà.

La vie est un jeu d'expérimentations fictives puisque la réalité est ce que Je suis !

CHAPITRE 3

3ème Exploration

Après plusieurs mois surgit une nouvelle exploration exceptionnelle qui va m'emmener encore plus loin que les précédentes : j'ai une incroyable et sublime perception de la Totalité, de ce que nous sommes véritablement, cet Amour et ce Potentiel créateur infini…
Elle s'accompagne d'un sentiment de déjà vu, comme si je revenais à la "maison" et me souvenais de ce qui Est…

Je suis en méditation très profonde ; Joëlle, ma compagne, a pris l'habitude de méditer près de moi…
Après un moment, j'arrive à parler pendant la pleine et exceptionnelle perception que je vis en étant Totalité.
Ce qui est fabuleux est, qu'en vibrant au niveau de cette Vérité ultime, je parviens aussi à formuler des réponses à ses questions. Les réponses viennent directement de notre Infinité, elles ne sont pas exclusivement pour elle, mais pour chacun et chacune. C'est pourquoi je t'invite à prendre sa place.

Imagine que tu es assis à côté de moi pendant cette exploration de la Conscience. Sois ouvert à l'expérience, tu auras peut-

être même des ressentis… Laisse simplement les hautes Vérités agir en toi…
Voici ce vécu extraordinaire, les révélations, mes découvertes.

J'ai comme des vibrations à la tête, des bourdonnements et sifflements aux oreilles. J'entends mon cœur qui bat plus vite… j'ai des sensations qui circulent dans le corps…
Soudain, je n'ai plus la notion du temps. Tout se mélange… comme si toutes les réalités sont présentes en même temps…
Tout se mélange sans cesse, tout se mêle… C'est comme un tourbillon qui tourne… tout tourne et je me perds dans toutes ces dimensions… je me perds… je me perds…

Enfin, tout s'éclaircit, je suis dans toutes les dimensions en même temps et j'ai toute la Connaissance…
Il y a un mouvement… Chaque moment est nouveau, de nouvelles "tranches" de réalités apparaissent…
Pendant un instant, la réalité de ce monde revient. Puis, rien ne fait plus partie de la Réalité : il n'y a plus rien de réel…
Parfois, on dirait qu'il n'y a rien d'autre que ce que je veux qui soit la réalité… qui est la réalité…
C'est comme s'il n'existait rien d'autre que toi et moi… que nous deux… c'est l'éternité, tout est éternité…
Tout fait partie de ma Réalité ! Toi, tu fais aussi partie de ma Réalité…

toi : Tout, c'est quoi ?

C'est tout, moi, toi et tout ce qui en découle… Tout est la réalité que nous voulons créer "nous-même" !
J'émets l'intention de créer un monde de paix, d'harmonie, d'Amour, c'est ce que j'ai toujours voulu…
Je peux tout décider Moi-même : vivre dans la paix, l'éveil de conscience, l'abondance… Je peux tout décider…
Je suis Conscience, il n'y a que Moi,… il n'y a que ce que Je veux qui soit ! C'est incroyable… il y a, constamment, de plus en plus de réalités qui se créent… à chaque fois que j'en

émets l'intention !
Cette compréhension apparait nettement : la réalité n'est que ce que l'on veut qu'elle soit !... On décide tout en permanence, on a le choix !
Soudain, une grande révélation :
Ah... c'est ça alors... Vivre chaque réalité nous fait revenir tout le temps à ce que nous sommes véritablement, à notre Nature d'Être... à ce que nous avons toujours été... c'est toujours la même Réalité ! C'est donc... Moi qui suis la Réalité !
Il n'y a rien d'autre que Moi... il n'y a rien d'autre que ce que Je suis, la Totalité ! Je crée cette réalité-ci, ce monde-ci...

toi : Pourquoi as-tu choisi de venir en Salvatore ?

Pour réaliser quelque chose de concret... Le monde, c'est nous ! Nous faisons tout ce que nous voulons... On peut tout décider à chaque seconde, on peut tout faire,... tout vivre... on peut tout être... On se fait des films...
Regarde, il y a un nouvel univers qui se crée, regarde !... A chaque fois que nous nous parlons, il y a un nouvel univers... qui s'ouvre pour chaque parole, pour chaque intention...

toi : Pour toi ?

Non, pas uniquement pour moi, pour toi aussi ! Et, toujours, il n'y a que la Présence... la Présence éternelle dans la réalité, nous deux, toi et moi... il n'y a rien d'autre. Tout est beau, tout est lumineux... et tout est là en même temps...
Tout est possible... Nous créons tout nous-même. Nous pouvons tout faire... Nous créons nous-même notre réalité, notre vie, notre monde... nous avons toutes les cartes en main, tout le domaine de toutes les possibilités !

Tout est possible pour chacun... On crée ce que l'on veut vivre et la création continue... à l'infini. Elle continue à l'infini... Ensuite, cette immense révélation de la Conscience

de ce que l'on Est prend une dimension au-delà de l'entendement : C'est Cela, nous sommes l'éternité !
On vit dans l'éternité, tu te rends compte ?
On fait tout comme on en a envie ! C'est comme si je pouvais tout changer à chaque respiration. C'est comme si tu le savais aussi… que tu le sentais aussi. Nous sommes Cela… au-delà de la vie, au-delà de tout.
Nous créons tout nous-même… Nous pouvons tout changer… C'est nous qui décidons… tout ce que nous voulons, tout ce dont nous avons envie !
Nous créons tout nous-même… On se fait peur pour rien, il n'y a aucune peur à avoir, aucune peur… puisqu'il n'y a que Moi ! Nous choisissons ce que nous voulons vivre… et nous avons ce que nous voulons !

toi : On choisit quand… à tout moment ?

Au moment où on veut le choisir, c'est aussi simple que ça. Il n'y a pas de temps, il n'y a pas d'espace… Tout est illusion… On crée notre propre "réalité".

toi : Comment cela ?

En fait, toi, tu as l'impression que tu ne le fais pas… mais tu le fais toi-même aussi…
Même si tu n'en as pas l'impression… tu as décidé de le vivre, tu choisis ce que tu veux vivre. C'est nous qui choisissons…
Tout est là depuis toujours,… tout est possible… depuis tout temps. Tu peux tout décider, choisir ce que tu veux être !
On est au-delà des étoiles… des univers… des constellations. C'est incroyable, l'ampleur que ça prend… Je m'y perds, on peut tout créer… tout… tout…

Je parle en chuchotant… (c'est le moment plus intense d'apothéose)
Ce que je ressens ici, c'est incroyable… Je suis Totalité, je suis Moi à l'infini ! Il n'y a que Moi… Je vois la Totalité en toi…

Je sens que toi, c'est Moi et que... Moi, c'est toi... Je me reconnais en toi, Totalité ! Il n'y a que nous deux... il n'y a rien d'autre, rien d'autre... il n'y a que l'Amour à l'infini...

toi : Il n'y a que nous deux ?

Que nous deux... Tu fais partie de ma Réalité, je fais partie de ta réalité... Nous sommes les deux "même", Un !
Pourquoi ? Parce que c'est l'Amour qui nous unit !
C'est l'Amour qui nous unit tous... tous...
Tu te rends compte pourquoi et jusqu'où l'Amour s'étend...?
Nous sommes au-delà de tout, des soleils, des étoiles, des galaxies, des univers, des dimensions... et toi, tu le sais aussi... C'est pourquoi il n'y a plus de temps, plus d'espace... il n'y a que ce qui existe... que ce que l'on veut qui soit... et que ce qui existe au-delà du temps...
Sais-tu que toi aussi tu peux créer ?

On peut faire tout ce que l'on veut... l'univers et tout le reste... Cela dépasse l'entendement, j'ai la propre Conscience de qui Je suis... de ce que je réalise...
Tu ressens qui tu es ?

C'est l'Amour qui fait qu'on surpasse tout !
Nous sommes dans tous les moments en même temps... ici et maintenant et partout en même temps... il n'y a plus à se soucier de rien. Tu te rends compte ? C'est nous qui créons tout !

toi : Il faut que l'on crée plus encore... Tout un monde de paix...

Un monde de paix et d'harmonie... Quand je te parle maintenant... il n'y a que ce monde de Paix qui existe, il n'y a rien d'autre... que les paroles... que ce que l'on dit... ce que l'on crée, ce sur quoi nous mettons notre attention...

Il n'y a que notre Réalité ! Nous avons toujours été tout... nous avons toujours été tout ce que nous voulions être...

Nous sommes tout depuis tout temps… Tu peux être ce que Tu veux…Tu es tout depuis toujours !
Où je mets mon attention, je donne vie, il suffit que mon attention change et la vie change autour de moi. Je crée ce que je veux vivre…

toi : Donc, nous avons déjà tout essayé… ?

Mais oui, nous avons déjà tout fait…
Nous sommes l'éternité, nous sommes éternels…
C'est extraordinaire, il y a tout qui s'installe d'avance… il y a tout qui s'installe, c'est incroyable…
On peut tout inventer, tout... ça va plus loin… plus loin… Tu le sens certainement aussi… C'est fabuleux tout ce que l'on fait… c'est prodigieux, magnifique… quelle beauté, cela dépasse tout… tout ce que l'on peut imaginer… cela dépasse tout, tout, tout…
Il n'y a que ce qui Est… il n'y a plus d'espace, plus de temps, rien… il n'y a que l'éternité… On est infiniment plus que ce que l'on peut concevoir… On est tout, c'est incroyable…
On est tout pour l'univers… on est tout pour tout… Tout pour tout…
(Silence…)

toi : L'éternité alors, elle bouge ou elle ne bouge pas ?

Tout se fait tout seul, tout ce qui se fait… se fait tout seul.
On est dans toutes les dimensions…
Il n'y a plus de compréhension à avoir, il n'y a plus de Salvatore, il n'y a plus de (ton prénom…), c'est magnifique tout cela. Nous sommes libres… libres !
C'est merveilleux, tout est Joie… tout est magnifique… cela dépasse tout ce que nous pouvons concevoir… cela dépasse notre entendement. C'est l'éternité qui va vers l'éternité… c'est vraiment ainsi. C'est vraiment extraordinaire…

Nous faisons partie de l'univers et de tout… À chaque instant tout bouge… et nous sommes tout dans tout cela…
C'est grandiose, on est la Totalité…
On crée notre propre réalité… notre propre monde au-delà du corps physique, au-delà du mental, des émotions, de tout…
Nous sommes au-delà du monde manifesté, au-delà de ce qui est, qui a été… et de tout ce qui a pu exister… dans cette dimension et dans les autres dimensions !
A chaque fois que je mets mon attention vers un monde, vers une réalité… il y a de nouvelles réalités qui se créent… qui se développent… C'est incroyable… tout ce Potentiel infini !
C'est tous, toi, chacun… qui est tout cela… tout est nous !
Depuis toujours, en fait… c'est formidable…
(silence…)

J'ai la perception complète ! Nous sommes arrivés…
Je suis Cela, Totalité… Waaah… C'est magnifique !... On Est alors comme Cela… C'est glorieux… prodigieux…
Comme tout bouge… On reste toujours dans cette Grandeur… infinie, c'est merveilleux… c'est fantastique…
C'est incroyable… ça va bien au-delà de tout… de tout… tout… tout… C'est encore plus que tout ce que j'ai pu dire… C'est cela qui est phénoménal… c'est indescriptible !
De l'infini à l'infini, on est la Totalité… On est Tout… pour l'Amour… pour l'Amour…
Cela va bien au-delà de l'entendement, bien au-delà… Nous sommes dans cet état d'Être éternel, au-delà de tout…
Je comprends maintenant : nous sommes depuis toujours cette Paix, cet Amour, cette Joie… c'est inouï…
Maintenant que je t'en parle, tu le sens ?

toi : Oui, il y a quelque chose de différent…

Je vois autre chose qui grandit… c'est un jeu… C'est un jeu de toutes les réalités… de tous les rôles…
C'est infini, incommensurable…

On est là en même temps, partout ! La beauté de ce que l'on Est… est extraordinaire, elle dépasse tout… Tout a pris une dimension infinie… C'est infini...
Tu te rends compte ?
Nous sommes arrivés. Nous sommes infinis… cela a toujours été là, cela est au-delà de tout… c'est magnifique… On crée notre réalité comme on veut la créer. On s'amuse… c'est fantastique… On est… dans l'éternité… l'éternité… Cela a toujours été au-delà de tout… au-delà des sens, des étoiles, des galaxies, des univers, des dimensions… que l'on a créés nous-même. On a tout créé… même la vie… tout… tout… tout.
Cela a toujours été, on est tout depuis toute éternité !

Je comprends maintenant… je comprends plus précisément : on choisit tout ; je m'en doute, on choisit tout puisque l'on est déjà tout !
On est déjà… depuis toujours… l'éternité permanente…
On est déjà… déjà tout… Il n'y a pas besoin d'une vie… pour le percevoir… On est au-delà de tout ce qui peut être perceptible. On est depuis toujours, il n'y a pas d'espace, pas de temps… On est… ce qui Est, l'infinité… Tout Ce qui Est…
Tout ce qui a pu exister,… c'est comme des vagues au-delà du temps, au-delà de l'espace-temps…

toi : Si on est Tout Ce qui Est, que fait-on alors… ?

Il n'y a plus rien à faire, plus rien !... On est ce que l'on a toujours été depuis toujours : Tout !
On est tout… et au-delà de tout… On est le soleil, les univers, les dimensions, la vie, la Joie, le Bonheur… l'Amour pour tout Ce qui Est... On est là depuis toujours dans chacune des mémoires au-delà de tout entendement…
C'est incroyable, je n'aurais jamais pu me l'imaginer avant, ça dépasse tout ! C'est sublime… Nous découvrons le Soleil éternel de la Totalité de ce que nous sommes…
Il faut rire… tout est ici et maintenant…
Tout est nous ! On est ici et partout en même temps…

C'est splendide toute cette infinité...
On dépasse tout, les mondes, les dimensions… On choisit tout ce que l'on veut être, on est au-delà de toute réalité, de tous les mondes… C'est infini ! On est là… en même temps partout ! La beauté de ce que l'on Est est extraordinaire ! Elle dépasse tout ce que l'on peut dire…
La Réalité est autre que ce que l'on croit !
La Réalité est ce qui est éternel, c'est la Totalité, ce que Je suis, l'Être, il n'y a que le Je… il n'y a que Moi !
Je le ressens… Et il est éternel ! Nous sommes la Totalité…

Prenons le temps de vivre dans la joie au lieu de nous inquiéter pour des choses inutiles…
Profitons de la vie de chaque instant puisqu'il n'y a rien qui existe dans ce que nous voyons… en dehors du Moi, de ce que nous sommes !

***

Cette exploration a été grandiose, elle dépasse très largement toute conception, tout ce que j'aurais pu imaginer…
J'étais, avec une véracité éclatante, la Totalité elle-même dans toute sa Splendeur, sa Plénitude infinie et incommensurable, indéfinissable… C'est cela qui était incroyable !
C'était tellement vaste… J'avais une compréhension illimitée, une perception immensément infinie et Absolue. Aucun mot, aucune explication ne pourra jamais décrire cette Totalité qui est Soi, qui est Nous-même !
La Totalité est tout vers l'infini : Amour infini, Paix infinie, Joie infinie… Les mots peuvent seulement s'en rapprocher. C'était vraiment l'apothéose ! J'étais arrivé dans la perception Absolue de ce que nous sommes… j'étais établi dans Cela. J'étais moi-même Cela et alors tout changeait…

J'avais la pleine conscience que la Totalité est nous, et que c'est nous-même qui créons toute chose, toutes les situations, tous les événements, les univers, les mondes, les dimensions et tout ce qu'elles contiennent.

Entre nous, il y a eu une Unité absolue, c'était l'Être qui parlait à l'Être, Toi, tu étais Moi et Moi, j'étais Toi… Vivre ce moment sublime pour découvrir Tout Ce que l'on Est, la Totalité que chacun Est, la Conscience infinie, est vraiment prodigieux. Clairement, je te voyais être ce même Moi. Je me reconnaissais en Toi. Je ne voyais en toi que la Conscience infinie que tu es.
Tu es exactement la même Eternité que Moi. J'en ai vu la splendide beauté !

Nous sommes la Totalité ! Vraiment, c'est vraiment nous ! On est dans tout ! Il n'y avait plus de peur, plus rien de tout cela, plus de questions, tout s'arrêtait, tout s'effaçait et il ne restait que la Sérénité, la Paix Eternelle, l'Amour infini ! Chacun est "dedans", nous sommes complètement la Conscience éternelle Elle-même, le Tout !

L'Amour universel

"L'Amour est partout, il n'y a que lui,
c'est la seule Réalité ; il nous unit tous
car, en vérité, c'est ce que chacun est."

Révélation :

Toi, tu es moi. Je vois la Totalité en Toi.
Je me reconnais en toi. Nous sommes les deux "même", Un, nous sommes toujours cette Grandeur, cette Unité infinie.
Notre beauté est extraordinaire.
Le Je est cet Amour illimité… il n'y a que l'Amour à l'Infini… cet Amour qui nous unit tous !

En quelques décennies, nous sommes passés de la conception d'un Dieu sur son nuage à une Intelligence divine toujours assez lointaine. Puis, nous avons considéré que nous avions une partie divine, que Dieu était aussi en nous…
Et, pour finir, la compréhension Nouvelle est encore beaucoup plus vaste, plus immense et en même temps si proche de nous, tellement plus proche de nous-même, qu'aussi bouleversante qu'elle puisse paraître, la Totalité dans sa complétude, c'est nous-même !
Entre chacun, entre tous, il n'y a aucune séparation !

La séparation est illusoire comme le film. L'Unité est absolue ! Il n'y a que la Conscience, Cela et, dans l'expérience, c'est bien la Totalité que je voyais en l'autre : toi, tu étais Moi-même !
L'Amour prenait des dimensions que je n'avais jamais vécues ni soupçonnées. Je ressentais l'Amour Absolu puisque j'étais Tout ! J'étais l'Amour infini !... Comme la Conscience éternelle Est, l'Amour Est.

Quel est le sens du mot Amour, que veut-il dire vraiment ? Ce n'est pas seulement aider, être solidaire, comprendre l'autre ?

L'Amour signifie qu'il n'y a rien qui nous sépare et qui ne soit pas l'immense Moi. L'Amour est l'unité qui nous rejoint tous, chacun... L'Amour, c'est connaitre que : *toi, tu es Moi et Moi, je suis toi ! Je reconnais la Totalité en Toi. Je me vois en Toi en tant que Totalité. Ce n'est pas que tu es comme Moi, tu es ce même Moi-même ! Il n'y a aucune distinction, il n'y a que cette Réalité : tu es Moi et il n'y a que cet unique Moi !*
L'Amour est cette Energie, cette Vibration Absolue, ce Potentiel infini qui englobe tout et nous unit tous !

Quand on parle d'unité, peut-on comprendre que chacun a sa valeur et, que tous se rassemblent, se fondent pour former le Un ?

C'est bien plus encore. Ce n'est pas qu'ils forment le Un, c'est qu'ils sont "chacun" ce Un !
Il n'y a jamais de séparation, rien ne nous sépare les uns les autres, nous sommes tous Un, le Moi.
Ce qui est le plus surprenant est que chacun à lui seul est déjà Un, le même et unique Moi, cette complétude infinie !
C'est se découvrir et se reconnaitre en tout et en chacun et se dire : *Il n'y a que ce Moi hors limites...* et savoir que cela a toujours été ainsi. Il n'y a que le Soi, la Conscience éternelle pleinement consciente d'elle-même.
Auparavant, on enseignait qu'aimer les autres était de penser à eux avant de penser à soi, voire même se sacrifier pour eux ou tout ou

moins les aimer comme soi-même… A l'époque actuelle, on pense qu'il faut d'abord s'aimer avant de pouvoir aimer les autres, il faut commencer par soi. C'est exact, mais on ne saisit pas toujours la profondeur de ce que l'on dit !
Aimer, s'aimer, c'est d'abord se reconnaitre Soi-même ; ce Moi infini… car il n'y a que Soi-même à aimer ! En réalité, il n'y a que la Présence… que le Moi !
Dans le film "Avatar" de James Cameron, ces trois petits mots "Je te vois" ont ému énormément de personnes. On peut penser que le regard nourri d'amour perce un mystère, voit l'autre, de manière plus interne, plus spirituelle.
Dans une perspective plus profonde, on peut aussi comprendre ces trois petits mots "Je te vois" comme le signe d'Unité, d'une reconnaissance du Moi en l'autre, même si sa forme est divergente, même si les apparences sont dissemblables. Ils équivalent à : *Je me reconnais en tant que Totalité en toi qui est aussi cette même Totalité que Moi. Je reconnais en toi la Conscience, la même Conscience que Je suis.* Ou *: Je vois l'infinité de l'infini en Toi. Tu es Moi… et entre toi et Moi, il n'y a aucune différence…*
Il n'y a que Cela.
C'est dans ce sens-là, en tant que Conscience Absolue, que l'autre est toi-même. C'est la même Conscience qui s'exprime en toi et en l'autre. Il n'y a rien d'autre que le Moi, tout est contenu en Soi-même. La Conscience Absolue, le Moi, s'explore au travers de la conscience individuelle de chacun, c'est-à-dire Elle-même, puisqu'elle est Tout !
Chaque conscience individuelle est Elle-même : la Totalité !

Vivre la compassion dans le sens que l'autre fait aussi partie de Tout Ce qui Est, avoir de la considération pour autrui, du respect pour la vie et la nature humaine, le sens de l'égalité pour tous, c'est magnifique ! Cependant, tant que nous nous estimons comme différenciés, comme étant plusieurs, nous restons dans l'illusion de séparation ! Quand tu penses à ton prochain, à autrui comme à quelqu'un d'autre que toi… tu ne peux pas vraiment saisir l'Amour qui est Totalité, Moi, Un, Infinité, Eternité…

La Conscience, Moi, Je est exactement la même Conscience que la tienne déguisée en ta conscience individuelle… la même que celle d'Antonia déguisée en sa conscience individuelle. C'est la même Conscience qui s'exprime en Luigi, en Joseph, en Maria-Anna ! C'est toujours la même Conscience qui s'exprime en tous !
C'est inimaginable et tellement prodigieux : une telle proximité, une telle Unité… Rien n'est séparé, tout est connecté, absolument tout ce qui existe dans les multiples réalités virtuelles.
Quand tu saisis que c'est exactement la même Conscience qui s'exprime en Cathy, en Tony et en toi, tu sais qu'il n'y a aucune séparation entre Cathy, Tony et toi.
Ce n'est pas un tel + un tel + un tel encore différent ! Non, c'est : Tout + Tout + Tout et les additions sont inutiles puisque chacun est toujours Totalité, Un !

Tu sais maintenant qu'il n'y a que la Conscience, qu'il n'y a que le Un, qu'il n'y a que l'Être, qu'il n'y a que le Moi qui se déguise et se projette en une infinité de consciences individuelles… Moi est tout Amour… Je est naturellement Amour infini.
Cet Amour est une reconnaissance en tout de ton vrai Moi illimité, c'est la Connaissance de Soi !
Cet Amour infini est cette paix immense, cette plénitude incommensurable, cette joie, cette perfection, cette Présence, cette douceur, cette beauté et cette Splendeur inaltérable que tu es !
Cet Amour ineffable est permanent, il est Tout Ce qui Est.

L'Amour imprègne donc tout ce qui existe, tout le film, tout ce qu'on voit, tout ce qu'on vit ?

Dans mes découvertes du Moi, j'étais Présence, Amour infini et je saisissais de manière flagrante que dans Tout Ce qui Est, le Moi ne fait que s'explorer. Il y a tous ces mouvements de création, toutes ces dimensions, toutes ces étoiles… Et tout est Soi, Amour… il n'y a absolument rien de séparé, rien qui ne soit pas Cela, rien qui ne soit pas Soi-même, rien qui ne soit pas Conscience, Amour. Même quand tu crois que tu es séparé, que tu t'identifies à cette illusion de séparation, tu es toujours Amour et

connecté à Tout Ce qui Est ! Nous sommes tous intimement liés les uns les autres parce que "chacun" est intégralement la Conscience Absolue, la Totalité. Tout est Amour parce qu'il n'y a que le Tout, il n'y a que l'Amour et l'Amour nous unit tous !
Nous interagissons constamment les uns avec les autres et avec tout ce qui nous entoure. Nous sommes tous connectés les uns aux autres, tout est interconnecté dans les univers et toutes les dimensions : c'est un grand Champ infini ! Nous sommes bien au-delà de tout ce qu'on croit connaitre ! Il faudrait faire un interminable zoom arrière pour englober toute notre vastitude ! C'est nous qui avons tout créé, nous sommes au-delà de nos rôles "minuscules" dans cette immensité qui est Moi éternel !

Tout ce qui se produit dans ta vie, toutes tes expérimentations, toutes tes rencontres viennent te donner des renseignements qui te permettent de découvrir la Grandeur infinie de ce que tu es déjà...
Quand tu croises quelqu'un, c'est pour toi comme pour lui, une information qui révèle la beauté, l'ampleur d'Eternité que chacun est déjà.

Expérimentation de la beauté :

"Voir ce qu'il y a de plus beau, de meilleur en chacun !"

Décide de changer ton regard pour qu'il te permette de percevoir la grandeur, la lumière, l'importance, la beauté de celui que tu croises ou avec qui tu converses. Tu vas constater que ton nouveau regard le nourrit, l'élève en vibration, qu'il s'ouvre à cet échange d'énergie et qu'il te retourne également un regard plus empreint d'attention, de simplicité, d'authenticité, d'Amour. Et que va provoquer cette attitude bienveillante en toi ?
Davantage d'intérêt sincère pour lui, davantage de bienveillance, davantage d'Amour ! Ce processus d'élévation mutuelle va crescendo avec cette nouvelle Vibration d'Amour. Vivre cet échange révèle l'énergie infinie d'Amour en nous jusqu'à la reconnaissance de notre même Moi.

Nous sommes tous unis et nous nous reconnaissons l'un l'autre puisque nous sommes de Nature identique !
D'ailleurs, l'expérience qui est tienne est mienne et vice versa car toi et moi sommes le même Un.
Toute expérience t'amène à prendre conscience de ton infinité.
Quand tu saisis que la vie, que tout est ce Moi infini, tu as alors toute la compréhension de la Totalité que tu es, tu peux t'aimer, t'estimer. Tu es valorisé et toujours confiant ! L'Amour universel, c'est se reconnaitre Soi en la vie, en l'univers, en chacun, en l'autre, c'est se reconnaitre en tout !
La vie est là pour te porter, pour que tu vives chaque expérience et que tu t'épanouisses, que tu aies conscience que tout est Toi-même ! Quand tu sais que la vie, l'univers, l'autre sont des expressions de Toi-même, alors tu aimes la vie, l'univers, l'autre parce qu'ils sont Toi. Tu peux te dire : *L'Amour, c'est la Présence à Moi-même car il n'y a que Moi infini !*
Tout est Conscience Absolue et la Conscience est Totalité ! La Conscience se reconnait elle-même en toute chose, en tout ce qui est… C'est pourquoi la Conscience est Amour Absolu…
Tu es, comme tous, cet Amour infini ! Il n'est pas seulement inscrit dans les livres, il est profondément inscrit en toi et en tous : c'est ce que chacun est véritablement !
L'Amour part à l'infini et englobe tout, tous au-delà de tout ce que tu peux concevoir. Parce que l'autre et chaque chose sont ce Moi ! Je est Amour, Paix, Joie illimités, il n'y a que ta Perfection : Ce qui Est ! C'est comme si tu te disais :
Le paradis est ici et maintenant, aucunement besoin d'attendre ni de le chercher car c'est Moi, la présence à Moi-même ! Rien ne me sépare de Moi-même, Totalité ; il n'y a que la joie qui demeure, la confiance, l'enthousiasme, la paix profonde, la béatitude… Et ta Nature Réelle se déploie !
Quand tu sais que cet Amour que tu es est présent en permanence, tu accueilles la félicité, la joie, la santé, la prospérité…

T'ouvrir au nouveau pour percevoir ta Présence infinie qui est tout Amour est la seule Réalité possible puisque tout est ce

Moi à l'infini : la Conscience se reconnait comme elle-même en Tout Ce qui Est.

Expérimentation d'Amour :

"S'immerger dans une "sphère" d'Amour"

Imagine :

Tu es dans la détente, apaisé…

Tu penses à quelqu'un, à une situation ou un paysage, un animal, un lieu qui suscite en toi un sentiment d'Amour, de tendresse, de reconnaissance, de bonheur, de légèreté, de sympathie…

Te voilà dans une bonne vibration pour t'imaginer à présent au centre d'une sphère où ne règne que l'Amour, la Lumière blanche éclatante, rien d'autre…

Le temps est suspendu, inexistant… Il n'y a que l'Amour, que la lumière qui t'enveloppe, t'imprègne et s'intègre à toi. Tu es cet Amour qui règne…

Ensuite, cette sphère d'Amour que tu es, qui t'englobe, tu la sens s'élargir de plus en plus, tu n'en vois pas vraiment les contours, elle ne fait que grandir… Tu te sens dedans, entouré, complètement protégé, rempli de cet Amour dans cette Lumière brillante et douce, dans ce Plein que tu perçois de plus en plus immense…

A ta grande surprise, tu remarques que cette sphère d'Amour, en s'amplifiant, a effacé toutes les conceptions erronées qui empêchaient cette admirable perception de Toi-même… Amour infini ; telles des miettes insignifiantes balayées d'un revers de main, elles sont tombées de table, il n'en reste rien ! Il n'y a que l'Essentiel, l'Amour, la Lumière qui existent vers l'infini… Il n'y a rien d'autre… C'est très joyeux et comblé de quiétude, c'est ta Plénitude, cette immense félicité que tu as toujours été.

Il y a uniquement l'Amour, la lumière, la joie… C'est fantastique de constater cette libération, cette immense légèreté. Tu ressens une grande confiance, une sérénité profonde, une inestimable douceur… tout est incroyablement beau ! Quel bonheur de percevoir, de vivre et d'être cet Amour…

Phrases d'inspiration et de méditation :

Je m'aime Moi-même, j'accueille la vie, la vie c'est Moi.

J'ai conscience de ma relation d'Amour infini avec Moi-même, avec l'univers, la vie et tout ce qui m'entoure. Je demeure dans cette relation d'Amour avec Moi-même car tout est Moi.

Je me reconnais en tant qu'Amour infini, en la vie, en l'univers, en chacun... Je me reconnais en tout, je suis dans le bonheur permanent !

Je suis la Perfection quoi que je vive... la vie, la nature, les univers, les dimensions sont là pour me soutenir car ils sont Moi !

Ton Potentiel insoupçonné

"Le Potentiel infini est notre Nature...
nous avons déjà tous toutes les cartes en mains.
Où va notre attention se crée notre réalité,
ce que nous voulons vivre."

Révélation :

Tout est là depuis toujours... tout est possible depuis tout temps.
Chacun est Totalité qui crée toute chose, toutes les situations, tous les univers et tout ce qu'ils contiennent.
Tu peux tout décider à chaque seconde !
Tu peux tout faire, tu peux tout expérimenter, tu es le domaine de toutes les possibilités !
Où tu mets ton attention, tu donnes vie.
Il suffit que ton attention change... et la vie change autour de toi !
Tu crées ta réalité, tu choisis ce que tu veux vivre et la création se déploie à l'infini.

Je me souviens d'une phrase de l'abbé Saunière de Rennes-le-Château, phrase répétée par sa servante : *"Le trésor est... sous vos*

pieds, mais vous ne le savez même pas !"
Le Trésor est toujours là à notre portée ! C'est comme le Champ de toutes les possibilités, tout est contenu dedans, on y a accès en permanence, mais on ne le voit pas, on ne le sait pas ; comment est-ce possible ? Pourtant tout est là, disponible !

Tu as un Potentiel incroyable, tu peux changer, élargir ton point de vue en un instant ! C'est ce que tout naturellement nous réalisons avec un enfant. L'enfant vit l'instant présent avec spontanéité, simplicité, fraîcheur ; il y met toute son attention ! Parfois, il s'identifie complètement avec une petite égratignure, avec ce qui nous parait être une bêtise ; ce sont alors des pleurs !
Que faisons-nous généralement pour le faire sortir de cette situation ?

Nous lui disons tout de suite : *Regarde l'oiseau qui se pose sur la branche… Tu as vu l'avion qui vient de passer ?...* Nous détournons son attention de ce qui le perturbe, le rend malheureux au profit d'une vision plus agréable. Nous changeons "sa réalité", la qualité de son présent. Sa tristesse tombe instantanément ! Il retrouve sa joie, son émerveillement...

Tu peux agir de la même façon pour toi-même ! Tu peux cesser de poser ton attention sur ce qui te perturbe ou te rend triste et la placer sur ce que tu souhaites, ce que tu désires vivre !
Ton Potentiel est infini, il est le domaine de toute possibilité et… dans ta sélection !
Tu peux choisir, tu as tout pouvoir, c'est toi qui crées ta réalité ! Il s'agit de mettre ton attention sur ce que tu veux expérimenter ! Tu peux te dire : *Regarde, çà c'est génial ! Moi, c'est ça que je choisis de vivre… je prends !*

Souvent, il nous arrive d'alimenter nos pensées, de mettre notre attention sur ce que nous ne voulons pas vivre : ce qui nous a déplu, ce qui nous fait souffrir, ce qui nous inquiète ; nous ressassons le passé, nous nous tourmentons pour le futur… Nous oublions notre présence ! Et toutes ces pensées de manque, de frustration, de douleur, de peur… définissent, qualifient, déterminent ce que nous ressentons, ce que nous vivons !

C'est pourquoi il est essentiel de saisir que plus tu t'identifies aux évènements, aux pensées, plus tu t'oublies, tu oublies que tu as le choix, plus tu subis !
A l'inverse, plus tu es conscient de ta présence, du Moi, plus tu es libre, plus tu as le choix dans ce Potentiel infini que tu es : tu es toutes les possibilités, tous les choix possibles en même temps.
Tout dépend de ce sur quoi tu places ton attention, c'est là que réside ton pouvoir créateur !
Tu ne sais pas t'enlever ton attention, mais tu peux la déplacer, la poser sur ce que tu veux réellement, choisir d'être heureux dans le présent ! Si tu poses ton attention sur les problèmes, qu'as-tu tendance à attirer dans ta vie ?... Des problèmes !
Tandis que si tu choisis de mettre ton attention sur la solution, la confiance, tu attires... la solution !
Quand on apprend à rouler en voiture, en moto, on nous enseigne que, si à un moment se présente un obstacle, on ne regarde surtout pas celui-ci, le problème, mais à l'inverse on fixe son attention sur la solution, l'endroit par lequel on doit passer et diriger son véhicule...

Expérimentation du changement instantané :

"La baguette magique."

Un jour, Henri fut très contrarié, même s'il savait que c'était pour des bêtises. De plus, il fut contrarié d'être contrarié, ce qui n'arrangea rien et il vécut une dizaine de longues et longues minutes à ruminer ! Brusquement, une évidence le saisit : *Mais, je ne veux pas la contrariété, le ressentiment... Ce que je veux, moi, dans mon monde, dans ma vie, c'est uniquement me sentir bien, c'est uniquement la joie !*
Henri imagina, dans sa main droite, une baguette magique à laquelle, pour concrétiser son souhait, il transmit en même temps un petit mouvement ; subitement, tout s'imprégna de joie... En ayant placé son attention uniquement sur la joie, son monde était

devenu Joie ! Et, instantanément, le visage d'Henri rayonna : sourire, yeux pétillants... Il manifesta la joie en une fraction de seconde et plus rien ne vint le perturber... Exclusivement la Joie !
Il était dans la Présence, dans l'instant présent, dès lors qu'il avait compris qu'il pouvait choisir... Et les évènements se sont rapidement arrangés d'eux-mêmes...
Henri a saisi qu'il mettait son attention sur des désagréments passés qui entrainaient un état émotionnel d'irritation et surtout pris conscience qu'il pouvait simplement placer son attention sur ce qu'il voulait vraiment, la Joie, l'enthousiasme, le bonheur pour les vivre pleinement dans sa vie.
Tu as cette baguette magique en main : le Pouvoir de choisir !
Là où tu mets ton attention, ce que tu décides, ce à quoi tu consacres la majorité de ton temps... là s'oriente ta vie.

Pourquoi placer mon attention sur telles choses pourrait-il suffire pour qu'elles se réalisent, qu'elles se manifestent dans ma vie ?

Ton Potentiel infini réside dans le pouvoir de choisir là où est ta présence, là où se porte ton attention !
Ton attention est comme une fenêtre et "derrière" ton attention, qu'y a-t-il ? Il y a toujours ta présence, toi, ta conscience qui est, comme tu le sais, Présence, Conscience, Potentiel infini ! C'est ta présence qui te donne un recul, qui te permet de choisir ! C'est ta Présence qui a tout Pouvoir, elle qui est éternellement présente derrière ton regard, tes sens, tes émotions, ton attention, ta concentration... C'est pourquoi où tu mets ton attention va l'énergie, tu donnes vie et crées ta réalité : la tranche de "réalité" que tu as choisi de vivre... Ta création va où se porte ton attention, où se dirige ton intention ! Et cette tranche de réalité que tu souhaites vivre, en vérité, existe déjà dans la Totalité, ce Champ de toute possibilité qui contient toutes les infinités de tranches de réalités disponibles...
Si cette possibilité que tu veux vivre n'existait pas, si tu n'étais pas la Totalité, choisir cette "réalité" selon ta vibration, selon où se porte ton attention ne serait pas possible...

Le Champ des Potentialités est un champ quantique, un champ d'ondes de possibilités qui contient déjà toutes les réalités, tous tes choix éventuels possibles, pensées, sentiments, situations… qui coloreront le déroulement de ta vie.
On pourrait dire qu'une fois que l'on regarde, que l'on met notre attention sur une possibilité, on la fixe, on la sélectionne et on a la capacité de ne plus voir qu'elle et elle se manifeste ! Et c'est le même processus d'attention pour chaque expérience qui apparait dans le monde relatif, dans ta vie.
Le monde virtuel n'existe pas en tant que matière ; il est constitué d'ondes d'information qui, une fois observées, se fixent dans une vie, une expérience, une histoire, un temps, un espace, un hologramme qui nous paraissent si réels… Ce Champ des possibilités quantiques est donc un champ d'informations dans lequel tu choisis, tu sélectionnes tes expériences et dans lequel nous sommes tous unis et interconnectés !

La physique quantique commence à découvrir que notre Essence comme tout dans l'univers est Conscience, que tout est intimement lié, connecté, uni.

C'est parce que tu es déjà Tout, que tu as déjà tout, que tu as ce Potentiel infini, que tu peux attirer ce que tu veux dans le film de ta vie ! Tu ne fais que te servir… Tu pourrais dire : l'Univers, c'est Moi ! Tu es encore beaucoup plus, il est plus exact de dire : *Le Champ de toute possibilité, c'est Moi ! La Totalité, c'est Moi !*
Rien ne peut te séparer du Moi, de Cela, il n'y a que le Moi, l'éternel Présent ! Ta Conscience sous-tend tout. C'est pour cette raison que tu Es ce Potentiel illimité, ce Champ infini de toute possibilité. N'est-ce pas fantastique ?
Tu es déjà la Conscience infinie dans tous les instants de ta vie ! Une fois que tu le sais, le lien qui a toujours été là est "capté" : tu connais ta Connexion Absolue ! Tu te reconnais dans Tout ! Tu comprends que " la fiche a toujours été branchée" et tu sais que ta vie peut se déployer dans la plénitude…

Souvent, je me demande si j'ai la capacité de tout réaliser…

Au niveau de la réalisation des désirs, tout t'est possible ! Tout existe déjà dans le Champ de toutes les probabilités, de toutes les éventualités, tout est déjà là. Toutes les informations, toutes les mémoires, tous les films, tous les programmes sont déjà dans la Conscience ! Tu as déjà tout vécu, tout fait, tu as déjà tout... Tu es ce Champ ! Tout t'est accessible, il n'y a qu'à prendre ; sers-toi, il est à toi, il est inépuisable !
Pour vivre ce que tu veux vivre, il s'agit de choisir ta tranche de potentialité, ce que tu souhaites, dans le Champ de toute possibilité et de vibrer à ce niveau en portant ton attention sur elle avec le sentiment de la vivre déjà. Quand, avec ton attention, tu donnes la direction, avec la connaissance de qui tu es vraiment, de ton Potentiel, tout est simple, tout se met en place, les choses viennent à toi.

Dans l'intention, il y a cette direction, la décision, l'impulsion de ton souhait réalisé. Cela va dans le sens de voir ce que tu veux voir. L'intention, c'est un peu comme l'instinct, elle se situe au-delà des opinions, des concepts, des formulations, au-delà du mental, dans la simplicité. La réalisation des désirs s'effectue alors à ce niveau plus subtil.

Tu es ce Potentiel infini ! Tu peux t'aligner sur ce Pouvoir qui manifeste tout dans l'univers. Chacun peut tout choisir, pourquoi alors se contenter d'une vie "médiocre", insatisfaisante...
S'ouvrir à ta Nature illimitée et la reconnaitre, c'est valoriser ton immensité ! Tu sais que chaque inspiration ou invention, création provient toujours d'une intelligence, d'une force évolutionnaire, du Moi !
Quand tu prends conscience de tes infinies possibilités, de tout ce que tu as déjà "reçu", de tout ce que tu vis, de tout ce qui se manifeste, de qui tu Es Vraiment, ton cœur peut uniquement se réjouir, remercier et s'émerveiller.
Beaucoup ne se rendent pas compte que leur Potentiel est déjà là et l'utilisent de manière limitée, ils n'obtiennent pas vraiment ce qu'ils veulent vivre, ce qu'ils veulent faire, comment ils veulent être et ils ont tendance à s'identifier avec leurs limitations. Choisir et manifester réellement ce que l'on veut vivre s'appuient sur la Connaissance de Soi-même !

Ai-je la liberté de choisir tout le temps… ?

Tu es Champ d'énergie, de possibilités, tu es Conscience illimitée, Totalité. Alors, quand on demande : Ai-je le choix ? Quelle direction faut-il prendre, cette direction-ci ou cette direction-là ?... il faut savoir qu'en fait tu as le choix, tu peux prendre n'importe quelle direction puisque tu es toutes les directions en même temps, donc tu peux faire ce que tu veux. Tu es toujours tout à la fois, tu es toujours dedans et tu es Tout !

Tu peux toujours choisir parce que tu es toujours l'Absolue Totalité ! Tu choisis l'expérience que tu souhaites et tu la vis dans cette exploration de Toi-même ! Tu mets ton attention sur ce que tu veux en te disant : *Je vais explorer cet aspect-là de Moi-même dans l'hologramme…*
En réalité, tu fais toujours le choix en tant que vaste Moi de ce que tu veux vivre ! Lorsque tu agis, tu agis avec l'intelligence, l'énergie, l'impulsion que tu as.
D'où viennent tes intentions, tes désirs ? D'où vient chacune de tes idées ? Qui pense en toi ? Qui est réellement le penseur ?

Il t'est sûrement arrivé d'avoir en tête une pensée qui semble ne venir de nulle part. Si elle t'a rendu heureux, il y a des chances pour que tu l'aies trouvée géniale ! Si elle t'a contrarié, tu t'es peut-être demandé d'où te venait une idée si étrange.
Qui est le penseur ?
Ce n'est pas ton cerveau qui crée les pensées, elles ne sont pas locales, elles viennent. Tu captes ces pensées selon tes connaissances, selon ta vibration, selon où va ton attention la majorité de ton temps ! Tu les captes, tu essaies de les gérer, de les laisser passer, de mieux les formuler, les appliquer, les développer, les transcender… mais ce sont toutes des idées qui te viennent.
Et tes aspirations profondes et tes désirs, alors ?
Ce sont aussi des idées qui te viennent…
Et d'où crois-tu que viennent tes souhaits ?

D'un plus large Moi, d'un plus large Je que tu Es, qui est le programmateur, le metteur en scène, l'artiste qui peint tous les tableaux qu'il désire… Tu es le penseur, le décideur, le réalisateur,

le spectateur et l'acteur du film de ta vie ! Dans l'éternité de ton infinité, c'est toujours Toi-même, ce Moi unique, qui choisis.
Ces intentions, ces désirs, ces programmes qui viennent du Moi s'expriment dans l'expérience de ta vie par ta conscience individuelle. Ta conscience individuelle est donc un aspect, un des déguisements du Moi infini qui expérimente dans le film de la vie.
Souviens-toi ! Tous les films, toutes les situations sont toujours des projections, des émanations de la Totalité, du Moi que tu Es.
Puisque tu es la vie, tu en es le concepteur, le créateur, tu vis la vie comme tu veux la vivre. Tu choisis de voir ce que tu veux voir, de faire ce que tu veux faire, d'être ce que tu veux être…

Cette idée nouvelle : *Maintenant, je peux choisir de vivre ma vie autrement, de manifester la santé, la paix, la joie, l'abondance…* ou *Maintenant, je choisis d'approfondir la Connaissance de ma Réalité, de percevoir davantage ma Présence…* d'où te vient-elle ?

Du Moi, de la Totalité, de Toi-même ! La vie, la création, les univers sont une expression de Toi-même et ils te soutiennent à chaque instant… puisqu'ils sont Toi !
Tu es sur terre pour expérimenter la joie de la vie, la vie qui est toi-même dans la complétude de ta Réalité infinie, de ton immensité, de ta perfection incommensurable, la félicité que tu as toujours été, cette abondance plénière. Tout est toi-même, tu es Tout ! Tu peux tout vivre, tout choisir, tout expérimenter dans ce domaine de toutes les possibilités, dans l'exploration de Toi-même !

Le plus désespéré des désespérés, comment peut-il guérir, se libérer de son état, de sa souffrance, de ses ennuis ? Est-ce possible pour lui ?

Oui, c'est possible ! La santé, comme la joie, la plénitude, est le privilège de chacun ! La question est : Qu'est-ce qui l'empêche d'en disposer et d'en profiter maintenant ?

Souvent ce qui se produit pour celui qui perçoit peu et qui n'a plus d'espoir est que son organisme, sa manière de voir les choses se sont accoutumés à des informations erronées… Sans même

s'en rendre compte, il continue à entretenir le problème avec ses croyances, ses pensées, ses interprétations, son identification à ses manques, ses jugements, ses insatisfactions…
Le stress rencontré s'est tellement accumulé que sa santé physique et psychologique en est affectée. Il s'est habitué à son style de jugement, à sa façon de voir les choses et met son attention quotidiennement sur les mêmes idées inexactes.
Et quelles sont ses données inadéquates, incomplètes ?
En fait, qu'est-ce qui le limite ?

C'est surtout la conviction erronée d'être séparé de la Vie, la pensée qu'il ne mérite pas car il n'est pas bien assez, la culpabilité de ne pas faire ceci ou d'avoir fait cela accompagnées de sentiments d'injustice, de révolte, de dépression, d'insécurité…
Tous ces sentiments et fausses croyances viennent seulement du fait qu'il manque d'Amour pour lui ! Il a oublié la Connaissance du Moi, du Potentiel de sa Réalité infinie !
Les problèmes de santé et autres viennent d'un manque d'Amour pour soi-même et pour la vie parce qu'on n'a pas suffisamment de renseignements, de savoirs sur qui on Est véritablement !
La souffrance n'est pas nécessaire, sa seule utilité est de faire revenir au Je et à prendre du temps pour s'aimer !
La souffrance est une invitation à se libérer de ce qu'on connait qui est erroné, c'est une invitation à changer et quitter ses habitudes de faire, de penser, de percevoir. C'est un appel à accepter une nouvelle compréhension sur soi-même et la vie pour aller vers ce qui est authentique : sa Réalité d'Être !

Tout ce qui arrive dans la vie, c'est pour davantage se découvrir, se connaitre en tant que Moi ! Pour davantage s'aimer soi-même ! La solution pour chacun est de prendre du temps pour s'apprécier et s'aimer ! La source de toute guérison est dans sa Nature d'Être… C'est Soi-même ! C'est inutile d'aller chercher ailleurs. De là découlent toutes les solutions !

Il est donc important pour lui de se dire :

Je suis prêt à laisser partir toute idée de manque, toute fausse considération sur moi-même…

J'accueille immensément d'Amour pour moi car je le mérite et j'en ai besoin !...

Je m'aime moi-même comme je suis avec ce problème et je m'aime moi-même avec la santé, la solution parfaite…

Cette dernière affirmation est double et se comprend comme suit :

° *Je m'aime moi-même avec ce problème* signifie :

Je suis digne d'Amour de toute façon ! Ce problème n'a pas d'importance dans le sens où il ne change rien à ma valeur, à ce que je suis véritablement !

Je suis toujours Moi… Je m'aime dans ma Réalité infinie que Je suis. Je mérite toujours tout l'Amour de toute la création !

Accepter son problème, savoir qu'il n'est pas soi, que soi est infiniment plus, permet de s'en désidentifier, de le lâcher, de s'en libérer ! C'est fini, on ne met plus son attention sur le souci, on dirige son attention ailleurs… sur ce qu'on Est Réellement, la Totalité infinie au-delà de ce film !
Souvent, remercier en plus d'accepter, même sans comprendre, sans analyser, permet de s'apaiser, de reconnaitre rapidement que l'expérience est comme un grain de poussière insignifiant comparé à la vastitude du Je suis.

° *Je m'aime moi-même avec la santé, la solution parfaite* signifie :

Je m'aime parce que je suis digne d'Amour, digne du meilleur ! Merci.

Je m'aime moi-même avec la santé, avec la joie… parce que je suis indissociable de la Perfection ! Je mérite tout parce que je suis Tout ; j'accueille la vie, la vie c'est Moi !

Je m'aime moi-même comme je suis : Conscience infinie et Perfection !

C'est s'ouvrir au changement, à sa véritable Nature infinie et puiser dans le Champ des possibilités en dirigeant toute son attention sur ce que l'on veut vraiment vivre : la santé, la joie, la paix, la sécurité, l'abondance…

On voit ce que l'on souhaite comme si cela avait toujours été là et on le vit avec les sentiments !
Ainsi, notre Potentiel illimité le manifeste !

Quel sera toujours le moteur ?

Son Amour pour soi ! Prendre connaissance du Moi infini que l'on est et s'aimer ! Cette grande Vérité transformera la vie vers l'épanouissement : l'intelligence est infinie, on peut toujours choisir et modeler le film comme on veut le modeler.

Que lui reste-t-il à faire ?

A entretenir son Amour pour lui-même. A changer son regard sur la vie et savoir que maintenant, la vie est là pour l'assister ! *Les univers, la création, la vie sont là pour me soutenir parce qu'ils sont Moi !*

Il est essentiel de rompre radicalement avec les vieilles habitudes incorrectes d'interpréter, de penser, de sentir… pour s'imprégner de ces aspects nouveaux correspondant à sa Vraie Nature, les capter pour les faire siens. Le fait qu'ils deviennent aussi intimes et spontanés que sa respiration permet de métamorphoser sa vie !
Aussi étonnant que cela puisse sembler, chacun est capable de se guérir soi-même, de vivre une vie épanouie…
Chacun a ce Potentiel infini car chacun est l'infini !
Il est donc nécessaire de sélectionner ses pensées et mettre son attention exclusivement sur le souhait réalisé et la joie qu'il apporte ! Son objectif clair, précis doit l'accompagner dans sa vie avec beaucoup de gratitude, beaucoup d'Amour, beaucoup de tendresse pour lui. Dès qu'il y a autre chose, il revient à cet Amour, à la confiance, en faisant des affirmations, des visualisations, des remerciements…
Pour entretenir cette nouvelle compréhension de lui-même et installer de manière décisive cette nouvelle vision de Soi, il peut être nécessaire d'y consacrer du temps en appliquant certains moyens.

Quels moyens ?

Toi-même, tu peux appliquer toutes ces suggestions, en choisir quelques-unes, en créer d'autres similaires :

° Penser ou écrire des raisons de t'aimer, de t'apprécier, de te féliciter pour tout ce que tu es.

° Écrire des phrases de gratitude pour tout ce que tu as déjà.
° Faire tout ce qui te procure de la joie : changer tes lectures, tes films, tes musiques, tes décorations… sourire et rire davantage.

° Afficher, à plusieurs endroits, des phrases, des images qui te feront souvenir que tu es digne d'être aimé, que tu t'aimes, que tu es protégé car la vie qui est Toi prend soin de toi.

° Répéter que tu t'aimes à longueur de journée et que tu peux lâcher ce qui ne te convient plus.

° Dire ou chanter des formulations qui expriment la gratitude pour ton désir déjà réalisé.

° Prendre du temps pour te détendre et te visualiser dans la Perfection qui est tienne et que tu souhaites vivre pleinement.

° Dire, fredonner ou clamer…
Je m'aime dans la Perfection que je suis.

Je suis la vie, la Joie, l'exploration de Moi-même dans l'éternité.

Je suis l'Amour infini, l'allégresse, la santé, l'abondance… Je suis la Totalité.

Cela change ton regard sur toi, sur la vie !
Tu sélectionnes avec ton attention, tu attires à toi la "nouveauté" que tu désires : ta santé physique, ta santé psychologique, ta santé financière, ta santé spirituelle, ta santé relationnelle.
C'est quelque chose de dynamique, cet heureux changement que tu entreprends et que tu inscris en toi ! C'est installer une nouvelle vibration, ton nouveau programme d'Amour, de joie, de santé, de reconnaissance de ta Vraie Nature… C'est enfin prendre du temps pour toi ! C'est enfin t'aimer ! Pour vivre ce que tu veux vivre en y mettant toute ton attention, il te faudra peut-être peu ou plus de temps : quelques minutes ou quelques semaines…
Es-tu prêt à relever ce défi et à accueillir le meilleur ?
Toutes les marques d'attention, d'Amour pour toi et pour ce qui t'entoure, la nature, tes relations, la vie… seront des plus !

Tu remarqueras rapidement que tout évènement, tout ce qui t'est arrivé et ce qui t'arrive te mènent toujours à Je, Moi, la Conscience et à découvrir davantage ton Potentiel infini…

Il semblerait que des scientifiques aient découvert que notre cœur communique avec tout notre corps. Il serait capable de mémoriser, se souvenir, dissoudre une peur, un stress, une croyance, prendre une décision avant même que le renseignement arrive à notre cerveau ! Le cœur peut donc influencer notre manière de penser, de ressentir les émotions, de percevoir notre réalité !

La petite phrase de St Exupéry : *On ne voit bien qu'avec le cœur* faisait déjà référence à toute son intelligence…

Et quand on n'y arrive pas, quand on est trop découragé ?

Si recouvrer par toi-même l'harmonie, la santé, plus de joie, d'abondance, d'épanouissement est trop difficile, si la lecture de ce livre qui offre la compréhension de la Vérité de Soi-même et amène à te reconnaitre dans ce que Tu Es déjà t'est temporairement inaccessible, il suffit de te faire aider ! Inutile d'attendre ou d'être dans des complications… Chaque fois que l'on n'arrive pas à changer seul sa vibration, le soutien extérieur est une solution précieuse. Choisir une aide, une séance de soin ou de développement personnel est aussi une merveilleuse façon de t'aimer !

Souviens-toi toujours que tout t'est accessible : ta santé, ton bien-être, ta sûreté, ta facilité, ta prospérité sont déjà à ta portée dans le domaine de toutes les possibilités. Tu peux choisir et prendre ce que tu veux parce que ta Connexion est déjà Absolue.

Tu es déjà Totalité et tout t'est disponible !

La Source de tout Potentiel, de toute solution, c'est ta Réalité d'Être, la Totalité. Tu crées ce que tu veux créer, tu es le créateur des films ! C'est pourquoi, tu ressens une gratitude infinie…

Chacun est né pour réussir, s'épanouir dans la vie et vivre la Plénitude de sa Nature illimitée !

Lorsque tu prends conscience de ton infinité, tout change, pourquoi ?

Tout change parce que tu portes ton attention sur le plus vaste, le prodigieux, ce que tu Es véritablement, Totalité, et c'est ce que tu vis. La Vérité est que la vie est amour et abondance, que Tout est Soi-même. Nous avons ce Potentiel infini de vivre, de choisir, de manifester ce que nous voulons expérimenter dans ce domaine de toute possibilité ; nous pouvons tout vivre : amour, joie, abondance… puisque c'est ce que nous sommes et qu'il n'y a que Soi.

Phrases d'inspiration et de méditation :

Ma seule Réalité, c'est l'infinité que je suis, la Présence Absolue et je crée ce sur quoi je porte mon attention !

Toute mon attention est sur l'Amour infini, sur la splendeur illimitée que Je suis.

J'ai la Connaissance complète, la Conscience du Moi illimité, de mon Pouvoir infini !

Je suis tout le Potentiel, je sélectionne et attire ce que je souhaite expérimenter, j'attire dans ma vie (la joie...), je demeure dans la confiance et la connaissance que tout m'est possible.

Je demeure dans la vaste connaissance de Moi-même, de mon infini Potentiel, de la Perfection que je suis !

Tellement éternel et infini

"Je suis le temps et l'espace vers l'infini
C'est pourquoi rien ne me sépare
de ce que Je suis... Tout est Un."

Révélation :

Nous sommes dans toutes les dimensions et tous les moments : ici et maintenant et partout en même temps ! Nous avons toujours été tout ce que nous voulions être. Nous sommes tout depuis tout temps. De l'infini à l'infini, nous sommes la Totalité et nous restons toujours dans cette Grandeur incommensurable...

Imagine un immense royaume avec une profusion de vie, de nombreux terrains fertiles verdoyants, d'arbres fruitiers, de parcs d'amusement, de rivières, de magnifiques monuments et habitations... le tout est entouré d'une forteresse avec une multitude de portes. Pour accéder à ce fabuleux domaine et le découvrir, chacun ouvre une porte...
Et que voit chaque conscience individuelle ?

Chacun a sa propre vision du gigantesque royaume puisque chacun en particulier a eu sa propre entrée, son propre parcours, ses activités, ses expériences, ses rencontres et a perçu ses découvertes avec sa propre personnalité.

Maintenant, si tu saisis : *Je suis toutes les consciences individuelles en même temps, je peux passer toutes les portes et faire ainsi tous les parcours et toutes les expériences instantanément,* ta perception devient plénière !
Tout ce que tu aperçois est une émanation de Toi-même, une prolongation de Toi-même et tout le reste, c'est Toi-même aussi...
Tu es Tout !
Tu reconnais que ta Connexion est Absolue avec Tout Ce qui Est.
Entre ton moi et la Conscience infinie, il n'y a aucune distinction, pas de démarcation, pas d'éloignement ; je est Totalité.
La Conscience illimitée "s'explore" dans tel aspect de perception et d'interprétation restreinte et dans tel autre aspect d'une individualité, et dans tel autre... à l'infini.
Ta vie est une superproduction, un long-métrage comparable à un film que tu regardes à la télévision. Tu constates qu'il n'y a rien, pas de semblant de matière, pas de réalité, mais il peut provoquer en toi des sentiments profonds, des explorations nouvelles, des compréhensions diverses...

Par la "réalité" illusoire des innombrables vies de films, la Totalité "s'explore" avec toutes ses individualités, tous ses différents pourcentages de perception d'elle-même... un à un et tous en même temps ! C'est comme si la Conscience avait conscience de chaque aspect d'elle-même en voyageant, en changeant d'endroit, de point de vue, de style de vie, de sentiment, d'expérience à l'infini ; c'est comme si elle s'explorait en étalant toutes ses possibilités dans le temps et dans l'espace.
Tout ce qui fait que l'on se voit séparé crée l'hologramme !
Le film a une réalité de film parce qu'il est pris isolément, qu'on le voit d'une manière limitative. Ce n'est pas voir un seul aspect limité qui est la Réalité !

Le film est lié au temps et à l'espace. Si on enlève le temps et l'espace, il n'y a plus de projections, plus d'hologrammes, plus de films, plus d'aspects qui se croient séparés. Tu vois alors tous les parcours, toutes les étendues, toutes les situations en même temps rassemblés et unis dans l'instant, tu vois Tout ce qui Est.

Quand on enlève le temps et l'espace, instantanément, tout est ensemble, tout est uni, c'est la Totalité !

Tous les films en même temps rassemblés, comment est-ce possible de regrouper toutes les époques du temps et toutes les étendues de l'espace ?

Comment regrouper, en un même instant, tous les temps ?
Dans mes explorations, je ressentais que le temps s'était arrêté, il n'y avait plus de temps. Quand le temps s'arrête, tu es au-delà du temps, où es-tu ?

Tu es dans l'éternité ! C'est l'éternité dans le sens que c'est hors du temps, c'est l'éternité dans laquelle rien ne change, il n'y a pas de transformation, tout est toujours là… Tout le temps, tous les temps, toutes les époques sont réunis dans l'instant, dans le Présent ; il n'y a que l'instant, un maintenant éternel ! C'est !

Comment regrouper, en un même lieu, tous les espaces ?
Quand les limites spatiales, les directions, les "extrémités" proches ou lointaines n'existent plus, où es-tu ?

Tu es dans l'infini ! C'est l'infini, dans le sens que c'est au-delà de l'espace, de l'immensément grand, de l'immensément petit, hors du "fini", hors du "figé", hors des délimitations. L'infini englobe tout ; tous les lieux, tous les espaces dans toutes les directions, tous les "ici" sont réunis dans le partout, dans un ici infini !

Dans le monde virtuel, on est soumis au temps et à l'espace. Quand tu dis : Je suis dans le présent, je suis dans l'ici et maintenant, on pourrait croire que tu as seulement choisi un lieu, celui d'ici où tu te trouves et un moment, celui de maintenant où tu es dans une échelle de temps.
Ici et maintenant est où est ta conscience, ta présence !

Quand tu réalises que tu es dans le Tout, au-delà du temps et de l'espace, alors c'est l'évidence, tu te dis : *Je suis partout en même temps.* Il est donc plus réel de dire, de saisir ce qui me fut révélé dès la deuxième exploration de Conscience : *Je suis ici et maintenant et partout en même temps !*

C'est une phrase puissante qui révèle et élargit ta perception de la Conscience Absolue. Bien que la Totalité soit indescriptible, indéfinissable, incommensurable, Ta Réalité est que ta Perception est plénière, tu perçois tout, tu te perçois dans tous les espaces, dans tous les temps en même temps… Tu te perçois dans tout. Tu es toujours Conscience Absolue, toujours partout, dans tous les univers, toutes les dimensions, tous les films, toutes les expériences. Tu es aussi hors du temps et de l'espace.
Le reconnaitre, c'est vibrer avec ce que Tu Es ! C'est le Moi tellement éternel et infini.

Si on enlève le temps, alors plus rien ne se transforme, ne change, ne se crée ?

La structure de ce gigantesque hologramme est constituée du temps et de l'espace… Si tu enlèves l'espace-temps, il n'y a plus d'évolution, plus de film, c'est l'information Absolue de l'éternité, l'infinité, rien ne "se fait" plus alors car tout est déjà !
Généralement, on se sent plutôt vivre disons une expérience, un rôle à la fois… alors que nous en avons une série… une infinité… en même temps ! Dans notre monde, avec l'espace-temps, c'est normal que nous structurions et parlions de passé, de chronologie, d'évolution. Ce concept d'écoulement du temps est toujours lié à l'hologramme.
Dans notre unique Réalité de Totalité, il n'y a pas de temps, pas d'avant, pas d'après. Tout "se vit" au même moment ! Toute vie passée, actuelle, dans d'autres univers, dimensions, dans le futur Est déjà ! Tout est déjà présent dans la Conscience Absolue que nous sommes ! Tous ces films, ces scénarios de vies, sont là tous ensemble unis dans l'éternel Présent infini !
Dans le domaine de la Totalité, tout est Un, il n'y a pas de calendrier, tout Est !

Le temps n'existe pas ? Mais… tout vieillit, tout change, tout se transforme… comment le comprendre ?

C'est vrai, dans notre vie, on a l'impression que le temps s'écoule, que ce qui est passé ne reviendra jamais, que le futur n'est pas encore là. Et pourtant, la science elle-même tend à nous prouver le contraire, que le temps ne passe pas, ne file pas, que passé, présent et futur ne sont pas séparés, que le passé ne s'évanouit pas, que le futur est déjà manifesté !

Einstein a mis en évidence que le temps et l'espace sont intimement liés, que le temps n'est pas figé, pas immuable, que le mouvement dans l'espace affecte le déroulement du temps.
Cette évidence établie, il ne considère plus le temps et l'espace séparément, il se fonde sur "l'espace-temps" dans notre structure quadridimensionnelle.
Il a découvert notamment que lorsqu'il n'y a pas de déplacement entre deux objets, ceux-ci donnent chacun la même heure. Or, quand il y a déplacement, ce n'est plus le cas ! Dans le ressenti humain, cela ne se remarque même pas, cependant la technologie actuelle l'affirme. Cette différence de temps a été vérifiée dès 1971 avec des horloges atomiques, une restée au sol, une embarquée dans un avion. Les horloges se sont désynchronisées !
A la fin du voyage, celle de l'avion était légèrement plus tôt que l'autre !

Plus important encore ! Einstein a envisagé que la distinction entre le passé, le présent et le futur n'est peut-être qu'une illusion. Tout existerait déjà sous forme d'une succession d'instantanés, de déploiements d'un moment, puis d'un autre moment, puis d'un autre… Tous ces instantanés représenteraient tous les moments, un à côté de l'autre étalés ; on y verrait tous les évènements : chaque moment du temps en chaque lieu de l'espace. Tout existerait déjà ! Brian Greene compare cette longue succession d'instantanés aux tranches d'un pain. On pourrait regarder une tranche vers le milieu du pain, la nommer notre tranche de "maintenant" et se dire que toutes les tranches d'un côté, à sa gauche, sont les tranches du passé et que toutes les tranches de l'autre côté sont celles à venir, celles du futur…
Sur une même tranche d'espace-temps de "maintenant", il y a différents événements à différents endroits de l'univers.

Notre vie, c'est passer, sauter de tranche en tranche, une à la fois, vivre une tranche de "maintenant", puis vivre une autre tranche de "maintenant" et ainsi de suite. Les gens perçoivent l'instant actuel sur la même tranche, leurs moments sont simultanés.

Ceci est vrai, mais seulement dans le cas où il n'y a pas de mouvement. Car si un individu bouge, il n'a pas la même façon de percevoir ce qui se passe dans son maintenant.
C'est comme s'il coupait le même pain en biais, avec un autre angle de coupe ! Les tranches n'ont plus la même épaisseur partout ! Évidemment ici sur Terre, cela ne se remarque même pas.
Mais si quelqu'un, loin dans l'univers, se déplace en s'éloignant de nous, son temps n'est plus le même, sa tranche de "maintenant" va en biais et pourrait englober plusieurs centaines d'années de notre passé. Et s'il se déplace en se rapprochant de nous… sa tranche de "maintenant" pourrait se développer et englober plusieurs centaines d'années de notre futur. Il verrait notre futur !
Ce sont des découvertes scientifiques !
Le passé n'est pas effacé et les évènements qui de notre point de vue n'ont pas encore eu lieu existent déjà !

Le temps ne s'écoule pas, les moments seraient figés. C'est notre attention qui, comme un projecteur, éclaire cette tranche puis cette tranche, donc un instant, puis un instant et nous donne ainsi l'illusion que le temps s'écoule.

Comment peuvent exister les situations à venir, les années 3000, mes petits-petits-petits enfants ?… Où est mon libre-arbitre ? C'est moi qui décide les choses après tout !

Oui, c'est toi qui décides, qui choisis, comme tu le sais, là réside ton Potentiel ! Tu décides où tu veux vivre, disons dans le pain pour suivre l'exemple de ci-dessus !
Tu peux imaginer un immense pain ou si tu préfères, une infinité de pains, un pour notre dimension, un pour une autre dimension et ainsi de suite… des pains avec des milliards et des milliards de tranches. Elles représentent le domaine de toutes les possibilités. Elles sont toutes déjà là ! Alors, que décides-tu ?

Tu choisis de "sauter" à tel endroit dans telle tranche, puis de vivre telle situation dans l'autre tranche, puis tel évènement dans la tranche suivante et ainsi de suite... On pourrait se représenter nos choix de vie de cette façon : on saute de tranche en tranche, en choisissant tel endroit, tel endroit, telle expérience, telle expérience... On ajuste notre rôle, notre situation de vie à tout moment en fonction de nos interprétations, d'où va notre attention, de ce que l'on voit, en fonction de notre vibration, de notre ouverture de conscience, de notre perception, de la Connaissance du Moi !
Si tu es dans le rôle de celui qui se sent optimiste, confiant, qui perçoit la joie en toute chose, tu vibres à ce niveau. Tu vas chaque fois sélectionner ou attirer un endroit sur telle et puis telle tranche de réalité, un endroit avec des évènements qui te conforteront dans ton optimisme, ta confiance, ta joie.
Et si tu choisis au contraire d'être dans le rôle de celui qui a la perception d'être toujours une victime des circonstances, c'est clair que, sans t'en rendre vraiment compte, ta vibration va attirer ou te faire sauter dans tous les endroits des tranches y correspondant où les situations vécues vont te fortifier dans l'idée que tu es une victime. C'est vraiment toi qui crées tout ! Le captes-tu ?

Il y a d'innombrables possibilités... Or, la plupart du temps, nous avons tendance à garder les mêmes croyances... un peu comme des robots conditionnés, programmés à refaire le même style d'expérience, alors que nous pourrions expérimenter ce que nous souhaitons vraiment, les possibilités sont infinies !
Souviens-toi ! Nous ne sommes pas des acteurs réels dans des vraies tranches de vie... Nous sommes simplement en train de mettre en lumière des scènes, des rôles, des films que nous projetons et dans lesquels nous vivons virtuellement des expériences ! C'est comme si, munis d'une lampe frontale, nous éclairions tel endroit de telle tranche, puis tel endroit, créant le film selon où notre conscience place son attention, ses choix d'expérimentations, d'explorations...
Tu choisis, tu décides en permanence ce que tu veux vivre...
Ces pains avec leurs tranches représentent toutes des possibilités

fictives "envisagées" par la Conscience infinie que nous sommes ! Tu peux dès lors saisir pourquoi passé, présent, futur forment un Champ de possibilités infinies qui sont déjà toutes là en potentiel. En réalité, il n'y a pas de temps qui s'écoule !

Et pas d'espace qui se déploie ?

L'espace Est, est déjà, est déjà hors limites. Les mathématiques, la géométrie fractale nous permettent d'approcher l'infini qui nous dépasse. Car l'infini est aussi dans le film !
A partir d'un triangle, on peut tracer un triangle plus petit en reliant successivement le milieu de ses côtés… Dans ce nouveau triangle, on pourra encore tracer de la même manière un triangle plus petit et ainsi de suite. Cela ne s'arrête jamais. On va vers l'infiniment petit. Et, en inversant la méthode, un triangle pourra toujours être inscrit dans un triangle quatre fois plus grand ; on se dirige vers l'infiniment grand… Tous ces triangles, minuscules ou gigantesques, ont les mêmes propriétés !
L'infiniment petit et l'infiniment grand, le hors limites sont aussi cette même et unique Conscience !

La Totalité est indéfinissable avec des comparaisons, des paramètres de film… La Conscience comprend non seulement tous les hologrammes et donc l'espace et le temps, tout à la fois ; elle est aussi au-delà du temps, de l'espace et des hologrammes ; elle est non locale et non changeante !
La Totalité est bien au-delà de tout ce qui peut être expliqué avec des mots, de tout ce qui peut être imaginé. On ne sait pas se la représenter… Elle est Tout Ce qui Est !
Elle existe en tant que Cela, Tout, Moi, Je. A "l'intérieur" de ce Silence et ce Bonheur parfaits, il existe toutes les Potentialités de la Conscience…

Quand la perception de la Conscience Absolue s'élargit, il y a une dilatation de l'espace-temps, tellement énorme qu'en un instant, c'est l'éternité. Lorsque tu es dans la paix de ta présence, as-tu remarqué que tu ne sais plus vraiment dans quel lieu ni dans

quel temps tu es ? Lieu et temps n'ont plus vraiment d'importance, tu es partout en même temps !
Il n'y a pas de distinction entre toi et la Totalité : conscience individuelle et Conscience infinie sont unies, indissociables !

Expérimentation de "Je suis toujours partout" :

"Ma Présence est grandiose."

Tu peux facilement transformer l'expérimentation "Je ne suis pas limité à mon corps" en mettant ton attention sur ta présence, ta conscience qui grandit.

Imagine :

Tu gardes les yeux ouverts. Tu te sens très détendu... engourdi... C'est un peu comme si le temps s'arrêtait... et tu dois faire un effort pour être attentif tant tu te sens profondément apaisé, dans un état de bien-être... Tu as simplement envie d'être...
Tu te sens complètement absorbé dans ce que tu vis... tu perçois que tout l'espace entre les objets que tu vois et tes yeux est plein. Tu y discernes une vie. Dans cette paix profonde de l'instant présent... tu as conscience de ta présence, tu perçois clairement ta présence...

Soudain, c'est comme si ton corps physique n'existe plus, il est dématérialisé, le contour de ta silhouette corporelle est inexistant, plus de formes, plus de limites, tu es transparent... Il n'y a que toi, ton "je", ton "existence", ta présence...
Ta présence commence à grandir, elle occupe d'abord l'espace de la pièce où tu te trouves, puis de ta maison, de ta région... Tu es tellement spacieux que tu occupes tout le paysage, tu fais partie de lui, tu y es connecté, tu ressens son existence...
Il est plus plein, plus vivant et il te communique sa Joie...

Ensuite, ta présence continue à prendre de l'ampleur jusqu'à englober la Terre tout entière, le système solaire, la Voie Lactée notre univers... tous les univers, toutes les dimensions...

L'énergie de la Création te remplit, te traverse, tu la sens de partout... elle te nourrit, te soutient, te relie, tu la reconnais, elle t'offre cet état d'émerveillement, elle est toi.
Ta présence devient tellement vaste qu'elle prend le maximum d'espace... vers l'infini et tout ce qu'il contient... et tu ressens : *J'occupe Tout !... absolument tout ! Je suis... la Présence infinie, Cela... C'est Moi, la Totalité... Tout ce qui Est ! Je suis toujours partout !*

Phrases d'inspiration et de méditation :

Je suis tellement éternel et infini ; je suis la complétude, la Perfection !

Je suis l'espace-temps et hors de l'espace et du temps.

Je suis ici et maintenant et partout en même temps !

J'explore, dans l'éternité... la splendeur infinie que je suis.

CHAPITRE 4

4ème Exploration

Cette découverte approfondie du Moi révèle, avec une netteté surprenante, l'évidence d'une vision bien plus étendue de notre Réalité d'Être infini, illimité, éternel et omniprésent.

Je vois une lumière blanche éclatante, de vives lueurs violettes, beaucoup de couleurs en mouvement comme dans une danse : une alternance d'ondes, de formes, de coloris…
Je suis de nouveau dans d'autres dimensions, dans des lieux observés lors des méditations précédentes.
Par la suite, je vais encore plus loin dans l'exploration pour atteindre un niveau extraordinaire de clarté consciente… qui contient toutes les significations… Je suis la Totalité et les compréhensions viennent avec transparence…
Ma première impression est que tout est interrelié, comme entrelacé… tout est mouvement, un va-et-vient permanent !
Tout apparait comme une danse cohérente… tout est uni dans ce mélange… On est tout ce qui bouge, on est ce mouvement éternel, cette danse…

Nous sommes comme un immense organisme vivant infini… conscient de lui-même, de toutes ses réalités en mouvements internes… où tous les aspects sont vies… tous les aspects sont nourris… Tout est uni !
Il est comme un vaste Champ, il y a des couleurs… tout y est mouvement dans toutes les directions, il y a une perfection, une harmonie, une cohérence incroyables, une alternance de flux et de reflux… Tout bouge dans tous les sens, en permanence… dans cette vastitude infinie…
C'est une impression de jeux et de mouvements sans fin… Une infinité de réalités qui s'entremêlent les unes aux autres, qui sont toutes reliées… On peut passer d'une réalité à une autre… et je ne sais pas où elles commencent et où elles finissent !

Toutes ces innombrables réalités qui se mélangent entre elles… toutes existent en même temps et c'est comme si… on passait d'une réalité à une autre en dansant…
On peut les prendre de n'importe quel côté, tout est toujours présent dans tous les aspects… tout s'entrecroise… Tout est connecté !
Toutes les réalités sont dans une perfection au-delà du bien et du mal… elles vont au-delà des extrêmes vers l'infini…
Nous sommes toutes les réalités infinies à la fois… d'une extrémité à l'autre extrémité… cette danse de mouvements harmonieux… C'est comme le creux et le sommet de la vague… ils se mélangent l'un l'autre et font partie de la même vague.
Et c'est ce mouvement continuel… ce passage de l'un à l'autre qui fait que tout bouge… et ce qui bouge, c'est : le jeu de la vie ! Ça se mélange… cela va dans toutes les directions…
Il n'y a aucune séparation !
C'est comme les vagues de l'océan qui vont, qui viennent… la vague est l'océan et l'océan est la vague…
Tout est Conscience d'une extrémité à l'autre… tout baigne dans la Totalité d'une imagination à l'autre… d'une réalité à l'autre… qui s'entremêlent, conscientes l'une de l'autre.
Tout est divin… avec toutes les intersections, nous sommes…

cette extrémité et cette autre et cette autre…
Nous sommes cette infinité de réalités en mouvement perpétuel, ce doux mouvement, cette danse, cet organisme vivant… tout cela Est !
A partir de ma propre réalité… à partir de n'importe quelle réalité, je perçois ma Nature… qui je Suis.
Toutes les réalités ne font qu'une, elles sont communes et bougent comme un corps qui vit à l'échelle d'une infinité de réalités en même temps.
Tout est uni d'une existence à une autre vers l'infini… de la moindre expérience à la moindre autre expérience…
Tout ce Potentiel Infini et toutes les réalités, c'est nous ; tout cela, c'est nous !

Tout est possible, tout fait partie d'un tout… il n'y a plus rien à se dire à soi-même, plus rien à faire pour soi, tout est déjà là… Alors c'est inutile de vouloir savoir plus…
Tout est mouvement, tout est danse et ce mouvement est notre Nature d'Être !... Toutes ces imaginations, toutes ces réalités infinies, toutes les possibilités, nous sommes tout à la fois !

La vie, c'est un cinéma, c'est un cinéma… En fait, c'est Moi-même : Je me fais un cinéma à Moi-même !
Tout est là, c'est Moi, Totalité qui crée moi-même la moindre cellule, la moindre perception… C'est au-delà de tout ce que l'on peut envisager… Tout vient de Moi-même !

Il y a un mouvement qui se fait… La Totalité ne fait que s'explorer… elle remodèle continuellement la réalité qu'elle veut remodeler. Elle prend la forme d'une multitude de naissances… de renaissances… à l'infini.
Elle nait… Elle renait… Elle expérimente sans cesse en toute vie… en chaque conscience individuelle… dans la découverte d'Elle-même.

Je suis Tout, depuis toute éternité, Je suis ce qui Est… c'est inutile de chercher… ça n'a plus de sens de chercher… ça n'a plus d'importance de chercher le but…
Il n'y a pas de but ! Il n'y a pas de fin ! Je suis déjà Cela…
Je suis toujours la Totalité quoi que je fasse, où que je sois…

Dans n'importe quelle situation qui soit, je suis toujours Tout, Moi ! Peu importe ce que je vis ou quoi que je puisse vivre, ça ne change rien à ce que Je suis !
Je suis toujours la Totalité ! Je suis déjà tout à la fois !

Je suis dans toutes les situations en même temps… y compris celles que je veux me créer en plus… celle-ci y compris. Je vis ce que j'ai envie de vivre… Je préférerais un monde d'amour et de paix, d'harmonie… Je peux me l'inventer de différentes manières, ce sera toujours bon, puisque c'est toujours Moi-même !
C'est inutile de vouloir essayer de définir ce que je suis Moi-même… puisque Je vais vers l'infini !
C'est fantastique, cette compréhension éclatante que Je suis… Je suis déjà ! Je suis déjà Tout…
Je peux m'inventer être ce que je veux… puisque tout est déjà la Totalité que Je suis !
Tout n'a de sens… tout n'a de sens que le sens que je veux lui donner, je me crée tout Moi-même !
C'est pour cela que la souffrance n'a pas d'importance, si Je suis dans une réalité ou dans une autre, peu importe… Je suis toujours Moi-même… c'est Moi-même aussi les autres réalités !

Vu que l'on est Tout, il n'y a plus à se soucier de rien… mais plutôt à se réjouir dans la joie de ce que l'on Est !

Nous demeurons toujours dans la Conscience que nous sommes… Nous sommes cette Totalité Infinie Immuable et toute cette profusion de réalités à la fois en mouvement…

Il n'y a rien qui me sépare, rien de rien !
On ne sait pas se l'imaginer à quel point… à quel point… Comment est-ce que tu veux l'envisager ?… Tu ne sais pas te l'imaginer toi-même… On est déjà la Totalité ! Rien ne peut te séparer de Toi-même ! Rien n'existe comme chemin !
On croit souvent qu'il y a différentes étapes… différents niveaux… C'est l'illusion qui aime les étapes !…
On dit qu'il y a différentes dimensions supérieures, différents univers parallèles… c'est aussi d'autres formes d'illusions…

d'autres formes de jeux… En fait, ça n'existe pas ; il n'y a rien de toutes ces "réalités" multiples, il n'y a que le Moi, la Conscience infinie…
On est tout à la fois… on est tout en même temps, même dans le fait d'être incapable de se le représenter, on l'est déjà…
C'est ça qui est prodigieux… Je suis déjà !... Tout est Moi-même, Je crée tout Moi-même… Nous sommes toujours Cela, nous sommes toujours Tout… il y a des moments où on le ressent plus et d'autres où on le perçoit moins… mais même quand on le perçoit moins, on est toujours Cela !
Il n'y a rien qui peut me séparer… puisque je suis déjà Moi-même ! Comment est-ce que tu veux que je sois séparé si tout est Moi ? Ce n'est pas possible !

Je n'aurais jamais pu soupçonner que ce soit si énorme et aussi direct… Tout, tout, tout est Moi-même, Totalité ! Je vis la réalité que je veux vivre…

*Nous sommes ce mouvement, cette danse d'une réalité à l'autre… d'une extrémité à l'autre… d'une perception à l'autre, vers l'infini… nous sommes tout à la fois.
Nous sommes la Totalité d'une pensée à l'autre, d'une émotion à l'autre, d'un sentiment à l'autre… la globalité de toutes les imaginations… et aussi au-delà de tout ce que l'on peut imaginer… Nous sommes Tout cela en même temps…*
(Cet extrait entre *, je l'ai répété trois fois d'affilée avec sensiblement les mêmes mots.)

Tout est Moi ! Je suis tout à la fois… en perpétuel mouvement… C'est la Réalité… l'Être… la Totalité immuable… Tout est vie ! Tout est Conscience… Tout est Totalité !
Toute cette vastitude infinie… c'est Moi… c'est Moi… c'est tout le temps Moi, Je ne fais que rayonner… il n'y a rien d'autre, rien d'autre… rien d'autre… C'est quand même extraordinaire… il n'y a que Moi… à l'infini !
Cela dépasse tout ce que je peux dire ou pouvais concevoir, tout, tout, tout...
Tout n'est que doux mouvement, Tout n'est que mouvement, c'est un mouvement sans fin…

Nous sommes la Conscience, Je, la Présence, c'est l'unique Réalité !...

Après un long moment, je me demande si je vais rester dans cet état d'extrême bonheur béatifique ou revenir dans cette vie quadridimensionnelle ou demeurer entre les deux... En revenant à cette réalité d'ici, au début, elle m'apparait comme un autre monde, un monde que je ne connais pas... Je ne reconnais rien du tout, c'est comme si j'y viens pour la première fois ; de nouveau, comme si j'ai perdu toute notion, tout repère... Est-ce pour que je capte que je suis beaucoup plus, que je suis toujours la Présence et donc que les repères, les sentiments, les mémoires, les perceptions, les cinq sens sont également dans la Totalité ?

Il y a d'abord une parcelle de mémoire de ce monde qui me revient et puis de plus en plus... Je regarde la chaise, cette forme me dit quelque chose, il me semble la connaitre. Ensuite, je m'en souviens et, progressivement, tout me redevient familier...

***

Cette exploration me laisse avec cette compréhension indéniable : c'est inutile de chercher, on est toujours la Totalité, quoi que l'on fasse, quoi que l'on puisse vivre, où que l'on se mette, dans n'importe quelle situation... on est toujours la Conscience Absolue ! Et on peut penser : Mais, à une autre époque, ce serait peut-être mieux ?

La réponse est non... On est déjà... On est dans toutes les situations, dans toutes les époques en même temps. On est depuis toute éternité. On est tout à la fois !

Le Moi m'est apparu comme un corps infiniment vaste et prodigieux, à la fois immuable... et en mouvement perpétuel de création de différentes "réalités" incessamment interconnectées, c'est indescriptible... Cette ample création est comme un ballet merveilleux, harmonieux, une perfection prodigieuse !

Rien ne peut me séparer de Moi ! Dans cette compréhension, un fort sentiment d'unité extraordinaire prédominait : c'est toujours la symbiose, l'harmonie, la cohérence parfaite !
Je me voyais Moi unique en chacun comme si chacun se voyait en ce qu'il Est, Moi infini. Et je ressentais que chacun en vérité sait déjà… cette Réalité, chacun sait déjà le Moi qu'il Est !

Je suis profondément transformé par cette vision si absolue du Soi, de Moi-même.

La danse, le mouvement, se découvrir Soi-même

"La vie est comme une danse, le Je nait et renait,
c'est un mouvement perpétuel de découverte
de Soi-même et, dans ce mouvement,
il y a cette Paix, ce Silence, cette Plénitude,
cet Amour... notre Grandeur infinie."

Révélation :

Tu es ce mouvement permanent, cette danse cohérente d'une réalité à l'autre, d'une extrémité à l'autre... d'une perception à l'autre vers l'infini.
C'est le jeu de la vie, ta Nature d'Être.
Tu es tout à la fois ! Tu demeures toujours dans la Conscience qui est ce Moi ! Tu es cette Totalité Infinie Immuable et toute cette profusion de réalités en mouvement.

Dans l'expérience, quand je mettais mon attention dans une direction, dans une réalité, celle-ci prenait alors une dimension immense ; quand je dirigeais mon attention vers une autre direction, celle-ci se développait et devenait aussi une autre dimension infinie... Et plus je mettais mon attention vers ce qui était, ce

qui s'étendait et plus cette création s'amplifiait vers l'infinité !
Où je posais mon regard, la Totalité y était, je voyais à l'infini, je percevais tout ce que Je suis, tout ce qui se fait, tout ce qui est relié, connecté et, de cette immense perception, se déroulait encore une réalité infinie…
Tout bouge dans la Totalité, tout est Potentiel illimité !
Ces déploiements ressemblent à une splendide danse indescriptible. C'est l'éternité dans l'éternité… La Conscience Absolue est aussi ce mouvement, ces déploiements, le Moi est tout cela, le Champ de toute possibilité ! Tout bouge continuellement, tout est toujours là en mouvement perpétuel.

La science parle du Champ quantique, parle-t-elle également de la Conscience infinie ?

Certains scientifiques comparent l'état de "vide" du Champ quantique et l'état de Conscience pure en concluant qu'ils sont identiques. L'état de vide du Champ quantique ne contient ni matière, ni lumière, ni excitation, il est illimité dans l'espace et dans le temps ; sa variance est nulle.
Cet état contient aussi une multitude de potentialités : les représentations virtuelles de tous les modèles possibles de matière et d'excitation sous forme de fluctuations du vide ou particules virtuelles. Il est animé de modulations qui sont l'impulsion nécessaire à tout changement spontané dans la nature !

Leurs constatations concernant toutes les caractéristiques de la Conscience sont exactement les mêmes !
La Conscience est éternelle, illimitée, universelle, parfaitement silencieuse, au-delà de tout changement…
Elle est également source de toute création car elle contient l'immensité des possibilités : les aspects non manifestés de tout ce qui peut exister…

Pourquoi ce mouvement perpétuel existe-t-il ?

Ce mouvement existe car la Conscience Absolue s'explore, a

conscience d'Elle-même !
C'est sa Nature d'Être consciente du Tout Ce qui Est, consciente de son infinité ! Tout est mouvement, tout est danse et ce mouvement est aussi d'être dans le jeu virtuel de la vie.
Le jeu de la vie est de te découvrir Toi-même : c'est un mouvement perpétuel. La Conscience nait, nait et renait ; tu oublies et tu te souviens…
Le fait de te retrouver Toi-même, puis de jouer des rôles en te croyant séparé, en oubliant peu ou beaucoup ce que tu Es, puis d'en avoir une perception grandissante en te souvenant du Moi, tout cela apparait comme un jeu, comme des mouvements d'aller-retour vers l'infini.
Il y a ce va-et-vient continuel : tu prends conscience que tu es l'océan, la Conscience infinie, puis tu connais la vague, la conscience individuelle, puis tu es l'océan, Conscience infinie, puis la vague, conscience individuelle, et ainsi de suite… Et, de plus, cette alternance se combine avec cette unité incroyable : la vague est l'océan et l'océan est la vague !
La conscience individuelle est la Conscience Absolue… et la Conscience Absolue est la conscience individuelle ! Il n'y a aucune distinction entre les deux, elles sont Une !
Dans ce jeu, toute vie, chaque expérience de vie, chaque inspiration, chaque expiration et battement de cœur se confondent avec la Conscience, la Totalité et… la Totalité s'unit avec toute vie, chaque expérience de vie, inspiration, expiration ou battement de cœur ! Relatif et infini se confondent parce que l'existence d'un des deux nous "amène" immanquablement à l'autre ; les deux sont indissociables !
On peut aussi expliquer cette alternance, cette danse combinée à l'Unité de cette manière : c'est comme si le Point prend conscience de l'extrémité de l'extrémité infinie ; puis, il reprend conscience du Point ; de nouveau, de l'extrémité de l'extrémité infinie, ensuite du Point… C'est toujours en mouvement et, dans ce mouvement, il y a une paix et une unité fantastiques car, en réalité, il n'y a aucun temps, il n'y a pas d'ensuite, tout se fait dans l'instant !

Le mouvement et l'immuabilité ne font qu'Un, existent "en même temps", sont éternels ; ces deux aspects sont toujours unis, il n'y a jamais de séparation !

Comment est-ce possible de me croire si petit, si individuel, si minuscule alors que je suis l'infini ?

C'est possible parce que tu es tous les aspects, le tien y compris, qui ne font qu'Un… Ce que tu vis et expérimentes dans le temps et ton infinité hors du temps se confondent, se mélangent, s'unissent l'un l'autre : ces deux aspects sont là, sont Toi, continuellement, avec toutes les variantes ! Tu es mouvement continuel et immuabilité permanente.
Tu es ici dans le film de cette vie, dans toutes les infinités de vie et dans l'éternité en même temps. Tu es partout dans le temps et l'espace illusoires de l'hologramme… et au-delà de l'espace et du temps dans l'immuabilité. Tu es toujours les deux et c'est ta perception qui varie, qui fluctue, qui donne ce mouvement de création, de flux et de reflux perpétuels !
Tout dans ta vie est dans ce mouvement grandiose de création. Avec une vision infinie, tu sais que Tout est déjà là et que ta vie est comme un mouvement, une danse, on pourrait dire une même "Energie", une même Conscience qui prend des formes… C'est pour cela que je dis que ta vie est telle une histoire quand tu regardes un film à la télévision : elle est simplement une succession d'images qui défilent à un rythme soutenu pour que tu aies l'impression d'y voir un mouvement fluide, non saccadé.
Le film de ta vie est ce défilement continu d'images sur un écran où se pose ton attention ! Ta vie ressemble à une succession d'un nombre incalculable d'images accompagnées d'émotions, de sentiments, de pensées qui sont tes expériences !
Toutes ces images que tu sélectionnes sont dans le Champ de toute possibilité, dans les milliards et les milliards et plus encore de tranches de "maintenant".

Quand tu te sens "petit" dans la vie, c'est que tu t'identifies, c'est comme si tu ne percevais uniquement qu'un infime aspect de

la Totalité ; donc tu te limites, ton ressenti est incomplet, tu fabules, tu inventes, tu t'attaches à ton interprétation, au sens que tu donnes et que tu crées toi-même !
Ta Réalité est que "derrière" ton ressenti de "petit", tu es toutes les capacités infinies ensemble, unies.
Avec la vision Absolue, tu sais que chaque détail de ta vie est une donnée de plus sur Toi-même, qu'il n'y a que Toi et que tout le reste n'est qu'interprétation illusoire.

Du Je émane la création, ce gigantesque hologramme, toutes ces réalités virtuelles dans lesquelles le Je s'explore, de la perception la plus infime à la perception la plus vaste et infinie de Lui-même. C'est comme si le vaste Je se limite, visite un infinitésimal aspect de lui-même en s'identifiant à sa création, à ses vies, au moindre je et qu'ensuite, il finit par se souvenir qu'il est le Tout, qu'il est la Création elle-même, la Totalité elle-même et qu'il l'a toujours été. Et, en même temps, l'infime je est toujours Totalité, Conscience Absolue, conscient de son infinité !
Ces deux aspects sont toujours liés et ce mouvement de l'un à l'autre est le jeu, la danse perpétuelle du Je.
Tu Es de toute éternité… tout se crée, tout est toi-même et tout te revient ! Cette interrelation, cette interconnexion est entre tous, chacun, tout ce qui est, toutes les dimensions, tous les univers, vers l'infinitude ; tout te revient puisque tu es Cela !
Tout est connecté, tu es Tout, tu es ce que tu ne vois pas et aussi ce que tu vois. Tout ce que tu ne vois pas est rempli de mouvements, d'énergie et t'unit à tout ce que tu Es, il n'y a aucune séparation !
Ce qui est changeant, l'hologramme, est illusion. Ces personnages, tous ces scénarios de vie font partie du jeu, c'est le Moi que tu es qui les crée. Tous ces films, tous ces mouvements continus expriment la Conscience et font partie d'un équilibre colossal, d'une Perfection. Je est ici partout à la fois et Je est tout en même temps !

Et après, quand le film de ma vie s'arrête, qu'est-ce qui se passe alors ?

Quand tu as vécu ton expérience avec le corps, le film de ta vie, ce fabuleux cadeau, jusqu'au bout, alors tu pars de ce monde. Tu laisses tout derrière toi et tu te rends compte qu'effectivement plus rien n'existe ou n'a même existé… Car, en fait, tu es toujours en dehors du film. Tu ne pars pas puisque tu es partout en même temps ! Tu es toujours là en tout lieu, tu vis tout au même instant. Tu es la Conscience éternelle !
Renaitre à Toi-même, c'est prendre conscience que tout ce que tu croyais connaitre est illusion et que tu es de toute éternité. C'est cela qui est Réel !
Lorsque l'on parle d'incarnations successives, généralement, que nous propose-t-on ?

On nous suggère de postposer à plus tard !
Tu dois encore t'améliorer, tu dois encore t'élever de plusieurs niveaux, ton éveil sera pour plus tard…
La Vérité, comme tu le sais, c'est qu'il n'y a pas de plus tard !
Tout, absolument tout est ici dans l'instant présent, ici et maintenant, cela veut dire : ici où tu te trouves dans la seconde, tu n'as pas à attendre… tu y es !

Ce mouvement implique la naissance et donc la mort, la construction et la destruction, le bien, le mal… Est-ce vraiment une perfection ?

La Réalité est au-delà du bien et du mal car tout n'a de sens que le sens que tu veux lui donner, c'est le Moi qui crée toute chose, tu crées ton propre monde, ta propre réalité !
La vie est mouvement ; avec du recul, tu constates que la construction et la destruction permettent l'évolution de la vie… le changement dans le temps… et la vie rejaillit chaque fois de plus belle, même si l'évolution n'est pas linéaire comme on le pense souvent. Construction et destruction, bien et mal, inspiration et expiration, repos et activité… la dualité est dans un jeu virtuel, dans une vision limitée. On pourrait dire, construction et reconstruction, naissance et renaissance, bien et amélioration…

S'il n'y a pas de changement, comment alors explorer toutes les possibilités ?

La création, ce gigantesque hologramme, évolue par sa propre nature et s'expanse vers l'infini, c'est une exploration continuelle du Moi ! À un moment, l'évolution prend une telle ampleur que tout converge dans ce même sens de l'Amour infini, de la solidarité, la joie, la nature, la santé, l'abondance, la cohésion pour tous. Toute l'histoire de la création, de la vie s'inscrit toujours dans un cadre de transformation, de progression, de développement… à chaque fois, l'évolution atteint son apogée avec la découverte plénière du Soi. Plus chacun évolue dans la compréhension et la connaissance du Moi, plus le film de la vie et la vision de soi-même sont transformés, plus tout change dans le monde, dans notre manière de vivre.

Dans la découverte de notre Nature, tout nous amène à cet Amour incommensurable que nous sommes…
Nous sommes toujours au-delà de cet hologramme de la création, ce champ de possibilités !
Quand il n'y a plus de temps et d'espace, dans la vision Absolue de notre Perfection immuable et infinie, tu constates que tout est Soi-même et qu'il n'y a que Soi !

Comment faire pour sortir de cette dualité, de cette illusion ?

Simplement, en élargissant ton point de vue !
Quand chacun a la vision de la globalité, où est la dualité ?

Il s'agit de voir au-delà des apparences, du changeant, de considérer tout dans son ensemble, rassemblé, uni dans une cohésion. La vie est manifestation, déploiement, expérience, énergie, mouvement, joie, épanouissement, Perfection ! Toi ! Tu es déjà hors de l'illusion et non impliqué…
Le jeu de la vie est de te reconnaitre en tout, toi la Totalité, toi la Conscience immuable et dansante à la fois, toi l'éternité dans ta globalité infinie ! Plus que de laisser la vie vivre d'elle-même, c'est voir la plénitude, la beauté, la grandeur, la splendeur de ce

que tu Es dans ce mouvement de création d'Excellence de toutes les possibilités !

Dans la perception complète, lorsque je vivais la Conscience Absolue, la Totalité, je captais tout à la fois, c'était incommensurable, les mots ne peuvent exprimer l'indescriptible. Elle est évidemment infiniment au-delà…

J'observais ma vastitude dans son ensemble, son unité, notre Nature infinie qui dépasse tout. Je percevais l'immensité de ce que Je suis dans tous ses aspects à la fois comme un grandiose corps infini. Tout ne fait qu'Un, tout y est uni dans un Amour, une cohérence extraordinaires.

J'y voyais tout le contenu des univers, de toutes les vies, de toutes les dimensions, de toutes les réalités. Et tout était vivant ! Tout était Moi-même, Conscience profonde d'où émanent Joie éternelle, Béatitude plénière, Amour sublime, Silence et Paix suprêmes, indéfinissables. Cela englobait tout… C'est au-delà de tout ! C'est inimaginable… Je percevais ce contenu comme sous la forme d'une infinité d'étoiles brillantes, étincelantes et toutes les étoiles représentaient l'infinitude des vies, des expériences, des variétés de perceptions. Cet organisme était l'infinité de Tout Ce qui Est. C'était Moi-même. Ces étoiles ressemblaient à une multitude de points lumineux tels des diamants avec leur myriade de facettes qui chacune contenait une formidable série de possibilités, de vies, de films. Toutes ces possibilités de vies qui existent dans toutes les dimensions depuis toute l'éternité étaient en Moi, étaient Moi ! Tout était Un. J'étais cette Conscience Absolue.

Ce Corps était immuable et, cependant, contenait d'innombrables mouvements... d'une structure, d'une harmonie et d'une cohésion incroyablement parfaites.

Cette danse et cette immobilité étaient Un. La Totalité est tellement Présente et essentielle, qu'elle est complète, silencieuse, éternelle, immuable ; elle est l'Être, elle est Tout ce qui Est.

La Totalité est si vaste, si illimitée qu'elle contient comme un rythme harmonieux, une danse, une ondulation, une Vibration Absolue. Cette perfection de mouvements et d'immuabilité était la Conscience d'elle-même, la "découverte", la "mise en vie" de

son Potentiel infini, du Champ de toutes les possibilités. Je vivais l'immobilité et, en même temps, la danse… dans la Conscience qui, en s'observant, créait et explorait toutes les réalités infinies d'Elle- même… D'une réalité à l'autre, elle modelait les films en continu, du mouvement à l'immobilité et puis, de nouveau, aux mouvements qui fluctuaient dans l'infinité des présents de l'espace et du temps, d'une dimension à une autre.
J'étais l'immuable et j'étais la danse perpétuelle de la Création infinie ! Ces deux aspects sont Un, Je, Moi, l'Être, la Totalité.

Nous sommes déjà Tout, manifesté et non impliqué, et tout "l'observable" est une émanation qui se fait spontanément dans la Perfection de ce qui Est déjà !

Phrases d'inspiration et de méditation :

Je suis le mouvement de la vie, j'apprécie mon éternité à chaque inspiration.

A chaque instant, je découvre mon infinité, la Grandeur de ma vastitude illimitée.

J'ai la pleine conscience que Je suis la Totalité elle-même, la Cohérence infinie, la Perfection en chaque action, en chaque expérience de ma vie.

En chaque activité de ma journée, je perçois la joie, le silence, la paix, l'immuabilité de mon éternité.

Aucun chemin, rien à faire, tu es déjà éveillé, déjà Dieu, Totalité !

"La joie de comprendre qu'il n'y a pas de chemin, que tu es déjà éveillé est le plus beau cadeau que tu puisses t'offrir !"

Révélation :

C'est inutile de chercher pour atteindre le but... car rien n'existe comme chemin ; il n'y a pas de but, il n'y a pas de fin ! On croit souvent qu'il y a différentes étapes, différents niveaux... C'est l'illusion qui aime les étapes ! Tu es déjà Cela, Totalité ! Quoi que tu fasses, où que tu sois... Tu es depuis toujours, l'éternité permanente... le Moi, la Conscience éveillée. Rien ne peut te séparer de Toi-même !

Quand tu perçois ta Réalité, tu comprends que le chemin n'a jamais existé !

Si je n'élargis pas ma vision, je n'abandonne pas mon chemin… alors rien ne change ?…

Comprendre ta vaste Réalité tout en essayant de chercher au niveau du film, identifié complètement au monde relatif, à ta vie… c'est comme vouloir voir dans l'obscurité !
Essayer de capter la Réalité de ce qui Est avec un mental "fermé", une vision étroite ou des croyances erronées est inutile…
A ce moment-là, tu es comme la vague qui cherche l'océan.
Que fait la vague ? Elle cherche et se demande sans arrêt : Où est l'océan ? Quand le trouverai-je ?
La seule réponse est justement qu'elle est dedans, elle est l'océan. Et la recherche est finie !
De même, quand dans le film de ta vie, ton mental tourne, que tu cherches ce que tu es déjà, tu ressembles à la vague qui roule sur son point de vue très restreint et qui n'obtient pas de réponse, tu restes toujours à la surface de l'océan sans voir sa profondeur !
C'est la vue d'ensemble qui fait que tu captes que tu es Tout, qu'il n'y a jamais eu de chemin !
La réponse "est au-delà du film" veut dire que tu es immensément plus ; tu élargis alors ton point de vue jusqu'à comprendre que tu es Tout, tu es dedans, tu es la Totalité, tout est Cela, tu es indissociable de la Conscience Absolue !
Il n'y a alors plus de questions !

C'est parce que j'ai vécu ces explorations à de nombreuses reprises que je peux te partager cette prodigieuse découverte : tu es déjà Cela ! Je te fais part de toutes ces précieuses vérités pour que, toi-même, tu te reconnaisses comme ce Moi infini dans tout ce que tu vis !
Tu l'expérimentes déjà toi-même à chaque fois que tu ressens une paix, un silence, ta présence, une joie ; tu le vis déjà même quand tu n'en discernes point la profondeur…

Ces formidables révélations et explorations de notre Réalité affirment clairement cette extraordinaire conclusion.
Entends bien : Il n'y a rien à faire, tout est déjà là !

Il n'y a pas de chemin, il n'y a aucun but… tout est déjà, tout est déjà atteint !
Cette seconde, ce millième de seconde suffit pour te dire : *Je suis éveillé… Je suis déjà la Totalité, la Conscience infinie…*
Je suis Cela !

Je me demande si je suis prêt, ne dois-je pas encore évoluer, être mieux… ?

C'est parce que tu ne te vois pas tel que tu Es, tu limites ton regard au film, à ta vie, tes pensées, tes croyances, à ta personnalité ! Il n'y a pas besoin d'attendre d'être prêt, de repousser au lendemain, à plus tard. Attendre ne peut pas te rendre meilleur ni plus digne, plus proche, plus disponible à ce que tu Es depuis toujours, tu ne saurais être plus puisque tu Es déjà Tout ! Par contre, accueillir à bras ouverts, cette merveilleuse évidence *: Je suis déjà ce Moi infini, la Totalité* transformera tout dans ta vie !

Depuis des générations et des générations, beaucoup ont estimé qu'il était nécessaire de devoir parcourir un long chemin, de s'améliorer, de se purifier pour avancer vers l'illumination.
En suivant certaines idées religieuses, philosophiques, spirituelles, on a cru qu'il était indispensable de chercher et on s'est lancé dans un long chemin d'espérance pour atteindre un jour le but : l'Unité avec Dieu.
Cette quête a certainement été utile dans l'évolution de nos sociétés durant tous ces siècles révolus. Actuellement, nous sommes amenés à aller de l'avant, au-delà des croyances partielles, des pratiques, des rituels et du chemin qui n'en finit pas… pour découvrir notre Réalité !
Croire qu'il y a des étapes, des améliorations à avoir pour rejoindre la Conscience Absolue est une illusion qui n'offre aucune issue ! Souvent, on s'imagine un chemin parce qu'il y a le temps et cette linéarité : on va d'un point à l'autre dans notre monde… On croit qu'en cheminant, on évolue et qu'on arrive à un moment donné à l'Être, au but suprême et que tout le reste disparait, que tous les éléments s'effacent et que c'est fini !

Mais tout continue en permanence ! Puisque l'on est toujours la Totalité partout en même temps… et, à l'infini, on ne fait que s'explorer Soi-même !
Si tu comprends que le Sublime que tu as toujours cherché, c'est toi-même, ta présence qui est la Présence infinie, tu saisis alors qu'il n'y a jamais eu de chemin !

J'ai rencontré de nombreuses personnes en recherche spirituelle, des hommes et des femmes qui avaient consacré beaucoup de leur temps et de leurs années à une pratique, à un chemin dans le but de parvenir un jour à l'Eveil. Malgré tant et tant d'efforts, elles étaient encore à espérer arriver… et l'Eveil leur paraissait toujours hors de portée !
Dans leur démarche, beaucoup font des détours parce qu'ils pensent qu'il faut faire quelque chose, que c'est à l'extérieur qu'il faut trouver, à l'extérieur d'eux-mêmes : il faut chercher sur les montagnes, dans les cathédrales, les monastères, dans les grottes, dans les techniques, dans les symboles, dans le passé, trouver un Maître… Ils cherchent, hors d'eux-mêmes, ce qu'ils sont déjà ! Ils risquent de ne faire que cheminer sans voir que le but a toujours été atteint, qu'il est Soi-même !
Ils se dirigent vers des croyances dans des croyances, des complications dans des complications, des efforts dans des efforts, des imaginations dans des imaginations. Ils auront, tout au plus, l'impression de se rapprocher du but. Cheminer, c'est passer son temps à vouloir trouver ce que l'on est déjà, on risque de toujours chercher, d'être en chemin, de tendre vers ! C'est un peu comme l'âne qui suit la carotte, il risque de la suivre longtemps…

Se focaliser sur le semblant de séparation, sur la distance à parcourir, l'amélioration à atteindre, le besoin de faire quelque chose, les moyens, l'extérieur, le film… les a distraits !
C'est pourquoi, je préfère ne pas parler de l'âme, l'esprit, discourir sur les anges, les archanges, nommer les êtres des dimensions supérieures, commenter les plans parallèles, l'intra-Terre, parler des vies antérieures, des mémoires akashiques, de nos liens avec les différentes étoiles car tous ces sujets qui existent, même s'ils sont intéressants, on a souvent tendance à oublier qu'ils font par-

tie des croyances, qu'ils sont un aspect de nous-même... dans d'autres dimensions mais toujours dans ce gigantesque hologramme ! Ce n'est pas la Réalité Ultime, ce sont plutôt des films dans le film ! Il y a une infinité de dimensions, une infinité de films. Alors quand une personne dit : "J'ai reçu un message de la 6e dimension". C'est vrai dans le film, dans son propre rôle dans lequel elle s'autorise à avoir ce message. Mais, en Réalité, elle est beaucoup plus que ce qu'elle croit : elle vit dans toutes les dimensions à la fois en même temps !

Quand quelqu'un s'est beaucoup investi dans un cheminement spirituel, c'est souvent difficile pour lui d'abandonner ses concepts, ses appuis, ce qu'il a appris au cours de tant d'années d'études, de pratiques. Mais veut-il continuer à cheminer ou veut-il saisir qu'il n'y a pas de séparation ?
On pourrait dire : il ne veut pas le comprendre parce qu'il choisit de ne pas l'entendre. Lorsqu'il choisira de s'ouvrir, il verra qu'il Est déjà !

Une fois que tu saisis que tu es Totalité, que tu as déjà tout fait, que tu es toutes les possibilités, ce n'est plus faire pour accomplir quelque chose qui est important, tout est déjà accompli ! Tu es déjà tout ! Tu sais qu'il n'y a plus à tendre vers... tu es détaché du but à atteindre puisque tu l'es déjà et ta manière d'être est changée ! Tu commences alors, dans chaque expérience, à vivre vraiment ta joie, ta paix, ton infinité... à apprécier chaque moment ! Tu as une autre vision des choses, tout est différent pour toi et, dans tout ce que tu vas expérimenter, ta qualité de vie va être amplifiée !
Et tu vis la plénitude de la vie dans l'exploration de Toi-même ! Tu manifestes, expérimentes ce que tu souhaites explorer sachant que tu es toujours tout, que tout est Toi-même ! Quelle richesse, quelle splendeur inouïe ce que tu Es !

L'important n'est pas de rêver, d'espérer, de croire qu'un jour tu pourrais atteindre cette beauté incommensurable, cette perfection ; ce qui est primordial, c'est de comprendre que tu es déjà cette Beauté indescriptible, déjà cette Perfection immense et donc de la manifester, de la vivre !

Si tu accueilles cette Vérité qui est ta Réalité, alors tu la fais tienne, elle est pour toi une manière d'Être, une manière de vivre, une manière de vibrer, tu es aligné avec ton Pouvoir infini et là tout est radicalement changé !
Tu connais Ta Réalité, ta perception est autre, les situations de ta vie s'ajustent, se transforment dans le sens de ton épanouissement, de ton rayonnement, tu peux tout vivre, tout expérimenter, tout manifester ; quel bonheur, quelle liberté, c'est toute la différence. Et toi, que veux-tu ?

Préfères-tu croire qu'il y a une séparation et attendre ou préfères-tu être aligné avec ce que tu as toujours été et vivre dans Ta complétude ?

Préfères-tu t'identifier au film, à l'illusion, cheminer, rechercher, essayer... ou choisis-tu d'accepter de t'ouvrir, de te tourner, d'accueillir la Grandeur que tu Es, ce Moi illimité, ce Potentiel inimaginable et d'être éveillé dès à présent dans le film de ta vie, de changer ta vision de toi-même, de tout ce qui t'entoure et de vivre pleinement ta Réalité ?

Car, lorsque tu mets ton attention sur ton infinité, ce Moi que tu es, tout se développe dans ce sens et ta vie sera métamorphosée ! Tu es déjà éveillé, déjà la Totalité, déjà Cela, ce que tu as toujours cherché à rejoindre ! Te rends-tu compte ?

Chaque expérience de vie est toujours comme un verre plein à ras bord. On félicite ceux qui voient le verre à moitié plein, qui restent positifs, qui continuent à remplir le verre. Bien sûr, ceci est préférable à le voir à moitié vide ! Cependant, savoir que le verre est perpétuellement extra plein à ras bord, qu'il est une fontaine inépuisable est encore beaucoup mieux !
Pourquoi ?

Parce que croire qu'il y a quelque chose à faire pour combler le demi-verre manquant, c'est comme admettre qu'il y a un chemin à faire alors qu'il suffit de prendre conscience de ce que l'on est déjà ! Donc, estimer que le verre est à moitié vide ou à moitié plein est toujours une illusion, la Réalité est que le verre est toujours extra plein ; la réalité est ta plénitude !

Tu n'as besoin de rien faire, de ne rien être de plus, ni ceci, ni cela, pour être éveillé, pour reconnaitre ce Moi, la Conscience Absolue et vivre ton abondance ! Tu es la Totalité qui, dans la Totalité elle-même, s'explore à l'infini !
Efface tout ce que tu as cru sur l'éveil et l'illumination, le chemin et les collections d'efforts à faire pour atteindre ce but. Abandonne cette considération que tu es une individualité séparée qui doit se perfectionner pour aller vers l'unité et qui peut-être un jour lointain pourra ne plus se réincarner et se fondre enfin à jamais dans l'Un. Oublie les concepts, les croyances, les peurs... toute vraisemblance... il n'y a que toi, que le seul Moi... tu es un Maître. Tu l'es ! Tu l'as toujours été !
Libère-toi de cette idée qu'il faut être sans pensée ou qu'il faut par exemple léviter, ce ne sont que des expériences de plus parmi tant d'autres et non des buts à rejoindre, tu as tous les dons et tu es beaucoup plus que ceux-ci !
Le chemin, c'est Toi ; le but, c'est Toi... puisqu'il n'y a que Toi !

Lorsque tu mets le temps, quand tu remets à plus tard, que tu veux attendre ou que tu mets l'espace, que tu cherches un endroit à l'extérieur, c'est de nouveau le chemin !
Or, la Présence, comme tu sais, est au-delà du temps !
Il n'y a plus de temps, il n'y a plus d'espace ; c'est maintenant où tu te trouves ; ce n'est pas que tu dois faire un pas, si tu dois faire un pas, alors c'est qu'il y a un espace... C'est ici où tu es avec ce corps, ici et maintenant, avec tout ce qu'il y a autour, dans ce que tu vis, tout ce que tu ressens et tout ce que tu veux... C'est Ici. C'est Maintenant !
Alors dis-moi : Qu'est-ce qui te sépare de la Totalité ?

Rien... absolument rien, rien ne te sépare, tout est Toi-même, la Totalité !
Ici et maintenant, tu peux même te dire : *Dans l'illusion de l'illusion de l'illusion, il n'y a rien qui me sépare de Ce que Je suis, Moi, la Totalité, Cela.*

Beaucoup de phrases qui ont été rapportées n'ont pas vraiment été comprises. A présent, tu peux les capter autrement, les

entrevoir différemment car tu es l'Un et tu te découvres dans cette Unité…
Dans cette phrase d'un psaume : Rien ne saurait manquer où tu me conduis ; où tu me conduis pourrait vouloir dire : où tu te trouves, en ta présence, où est le Moi, où est le Tout. Et cette phrase signifierait : Rien ne saurait manquer où tu es, partout à la fois, où Je suis, dans la Totalité où j'ai Tout… Là où je suis, c'est la Totalité !
Mais quand on se met un chemin, on dit : Où tu me conduis… et on croit qu'il faut attendre.

Probablement que dans cette phrase : Je suis le Chemin, la Vérité, la Vie, le Christ ne parle pas seulement de lui, mais que cet enseignement s'adresse à chacun en particulier afin que tous puissent se découvrir et déclarer pour soi-même : Je suis le Chemin, la Vérité, la Vie… Je suis Tout, Cela, la Totalité ! Peut-être Jésus a-t-il dit : Chacun est le chemin, la Vérité, la Vie et que cette idée a été mal traduite ?
De nouveau, quand on se sent séparé, on ne met en évidence que la personnalité, une vie, des rôles, des expériences du film !

Tu es déjà l'Être éternel, le Moi Absolu, au-delà de ce qui est changeant. Tu es déjà depuis toujours ! C'est parce que tu es Présence infinie que tu peux percevoir le monde relatif, ce qui t'entoure, la création, les autres, la nature et découvrir que ce que tu perçois est aussi Toi-même, le Moi, l'Être. Tu es bien plus vaste que la recherche perpétuelle du désir de changement, du désir d'amélioration, du désir de perfectionnement : ta perfection est déjà là ! Tu es dans Ta Perfection en permanence. Pas besoin de la chercher à l'extérieur ou de devoir faire quoi que ce soit. C'est ta Réalité, il n'y a rien d'autre… Ta présence est la Présence, ta conscience est la Conscience Absolue, le Un indissociable !
Que veux-tu chercher puisqu'il n'y a que la Conscience illimitée et que tu Es cette Conscience infinie ?

Tu es Tout !
Si tu es Tout, où est le chemin ?

Il est ici, là, partout, il est toi. Tu es la Présence, le Silence, l'Eternité, l'Infinité.

Savoir qu'il n'y a pas de chemin ne risque-t-il pas de m'ôter mon espoir, mon enthousiasme, mon dynamisme ?

Bien au contraire, cela te libère de toute illusion ; savoir qu'il n'y a pas de but à atteindre, qu'il n'y en a même jamais eu, qu'il est déjà atteint change tout au-delà de ce que tu peux espérer !
Tu peux tout laisser de côté : ce qui t'encombre, ce qui encombrait ta vie. Tu n'en as plus besoin, tu es libre… libre !
Il n'y a rien à faire, tu agis selon les idées qui t'inspirent, selon ce qui te comble de bonheur…
En plus de t'offrir ta Liberté, cette Connaissance sublime te donne accès à ta Vastitude… ta Joie, ta Paix, ta plénitude, ton Potentiel incommensurable !

Connaitre ta Réalité change ta qualité d'être, ta vibration, tes expériences, ta manière de voir les choses et donne à ta vie une nouvelle perspective… un dynamisme, une Energie, une profondeur, une clarté, une légèreté, une qualité de douceur, d'apaisement, de confiance, d'Amour, d'allégresse insoupçonnées… Tu peux vivre la vie pleinement dans la joie de ce que tu Es déjà !
Le saisis-tu ?

La nature de la vie s'exprime en toi avec l'évidence que chaque expérience est toujours l'expression de la Conscience elle-même ; tout devient simple pour vivre ta vie ici et maintenant à chaque instant, ce que tu Es réellement, le Moi ! Cela veut dire qu'à chaque moment, tu peux t'écouter toi-même, te laisser porter par ta spontanéité selon le ressenti, l'inspiration du moment, un peu comme les enfants et aller vers ce qui te procure de la joie car ta Conscience est Joie !
Tout ce que tu fais, tu ne le fais plus pour être meilleur, méritant ou exceptionnel, puisque tu es déjà tout !
Quelle que soit ton action, quelle que soit ta parole, tout ce qui émane de toi ne change rien à ton immuabilité, à ton infinité ! Tout ce qui émane de toi a la même valeur d'expression ! Et cette

valeur n'est jamais ternie par quoi que ce soit ! Tu peux aller où ton cœur te dit d'aller et comprendre qu'il n'y a qu'à se réjouir, qu'à célébrer chaque instant, qu'à vivre avec le bonheur, l'Unité et à rayonner l'Amour autour de toi. C'est comme si tu te disais : *Tout ce que je cherche depuis toujours est ici et maintenant car c'est Moi-même à chaque seconde !*
Et tu ressens un contentement intérieur immense, une quiétude profonde.

Il n'y a rien à faire, Tout est là. Il n'y a aucune évolution à rechercher pour Être car l'évolution fait partie du temps et le temps fait partie de l'illusion !
Quand tu le sais, ta Nature réelle se déploie et tu vis la vie comme une danse, un mouvement d'Amour, de cœur ; tu te laisses inspirer par cette prodigieuse musique ; quoi que tu fasses, ce rythme, tu es dedans !

Alors rien ici dans le film n'a vraiment d'importance ?

Dans le film, quand ta perception devient complète, plus rien n'a l'importance que tu lui donnais. Tu sais que tu es Tout partout, dans le film et au-delà de celui-ci, dans l'éternel Présent, au-delà du temps et de l'espace. Tu es "ici et maintenant" et ce qui se dessine, c'est ce qui se dessine à "l'autre extrémité" de Toi-même. Tu vois en tout une émanation de la Conscience, de l'Energie Pure. Tu te vois dans Tout Ce qui Est, tu vois la Perfection dans tout !
Avant, tu croyais qu'il fallait faire pour être plus, maintenant, tu sais que tu Es déjà Tout... infini ! Avant, tu poursuivais un but, maintenant... tu rayonnes !

Tu es partout et donc ta place est aussi d'être dans le monde fictif du changement et de l'espace-temps où tu participes pour apporter le meilleur de toi-même dans ce jeu de la vie, dans l'évolution vers le nouveau.
Dans ce film, placer ton attention sur Toi-même te permet de Te percevoir davantage. Tout ce que tu fais dans ta vie, c'est finalement toujours pour la beauté de ce qui Est, c'est pour percevoir ta

vaste Réalité... te reconnaitre Totalité en tout !

Oui, mais parfois ma perception redevient incomplète... Je ressens moins ce Moi unique et infini. Que faire ?

Tu Es toujours au-delà de toutes les perceptions et tu les englobes toutes ! Quand tu oublies ta Réalité, ta Présence, que ton attention ne se porte plus sur elle, que tu t'identifies à tes pensées, à ton corps, à tes émotions... sache qu'elle est toujours là ! Tu es toujours Conscience, Totalité !
Tu peux toujours passer instantanément à ta Présence en posant ton attention sur elle ! Il n'y a rien qui peut t'en séparer. Elle est toujours là, elle ne te quitte jamais, elle sous-tend tout dans ta vie ! Quand tu constates que tu t'es identifié au film, que tu es "à l'extérieur", tout simplement, reviens...
Cet état de paix, de bonheur, de plénitude, de joie est toujours accessible dans le présent. Ce sont le temps et l'espace illusoires qui font que tu n'expérimentes qu'une petite partie variable de l'Être. Donc, tu reviens là où le temps et l'espace ne sont plus, en ta Présence dans le moment présent, où tout est !
La moindre des situations, la moindre des sensations, le plus petit détail dans chaque expérience de ta vie peuvent te ramener à un élargissement de ta perception de la Conscience, à la vastitude que tu es déjà ! Tu t'assieds, tu es debout, tu es à ton travail, tu parles à quelqu'un, tu te reposes, tu rêves, tu te promènes dans la nature, tu dessines, tu joues de la guitare, tu chantes, tu montes à cheval, tu caresses ton chat, tu regardes les étoiles, tu médites... tout est occasion d'élargir ta perception, tout est occasion de comprendre où est l'illusion et où est ta Réalité, absolument tout est occasion de revenir, de reconnaitre ce Moi ! Chaque expérience peut être le déclic pour capter ce que tu Es déjà ! Chaque expérience est une opportunité pour élargir ta perception !
Bien sûr, si tu le souhaites, tu peux aussi t'aider avec certaines pratiques ou initiations, la séance de Connexion Absolue, la méditation, la relaxation, la détente, la lecture... c'est selon ton inspiration.

Tu es dans le Champ, un moment donné la Conscience du Champ t'interpelle, c'est comme si elle te nourrissait jusqu'à ce que tu la reconnaisses !... Elle est Ta Réalité !

Il suffit de s'ouvrir à la Conscience, à la Présence, il n'y a donc rien de particulier à faire ?

Il n'y a rien ou quoi que ce soit à faire pour Être parce que tu es tout en même temps, tout à la fois, dans toutes les dimensions ! Quand on cherche, on a l'impression de faire tout un chemin ; en réalité, c'est une boucle et plus précisément un point ! On revient toujours à ici et maintenant, on revient au Moi éternel.
La Réalité Ultime, c'est que tu es tellement l'Être que tu es déjà éveillé, que tu es déjà arrivé et qu'en vérité, tu n'es même jamais parti ! La Réalité est au plus proche de toi ! Rien ne peut te séparer de ce que tu es déjà : Conscience Absolue ! Il n'y a pas de séparation, il n'y en a jamais eu... il n'y a plus à chercher ailleurs ! Cela dépasse toute conception, c'est prodigieux de prendre conscience d'Être déjà éveillé et de ne plus se dire : Ah, il faut que je fasse telle et telle chose pour être illuminé.
Il n'y a qu'à vivre pleinement la vie ici et maintenant à chaque instant... à chaque seconde.

Le plus grand des bonheurs est, bien sûr, de te reconnaitre, de capter et savoir que tu es déjà Tout ! C'est ce que t'offre cette passionnante lecture ! Comprendre, t'approprier ta Réalité, la Vérité, agrandir ta perception, capter la Vibration Absolue des mots permettent une expérience qui se crée en toi pour reconnaitre ce que Tu Es déjà ! Tu sais alors que tu es Connecté en permanence, que rien ne te sépare, qu'il n'y a jamais eu de chemin, que cette Connexion est Absolue et tu ressens profondément *: Je suis déjà depuis toujours cette grandeur inouïe, cette sublime Réalité : la Totalité !*

Phrases d'inspiration et de méditation :

Je suis déjà la Totalité, la Perfection infinie !

Je suis toujours partout et en tout... il n'y a aucun chemin, il n'y a que Moi infiniment vaste !

Je suis déjà éveillé, illuminé, Je suis la Conscience illimitée !

La perception de mon infinité s'amplifie à chaque fois que je me détends.

Tout est Un, je suis connecté à tout. Tout est Conscience Absolue.

CHAPITRE 5

5ème Exploration

Ce qui est magnifique, c'est que chaque exploration a sa particularité unique si fascinante apportant une plus vaste découverte, perception et compréhension du Moi…

Je suis à l'écoute du silence… j'ai cette quiétude…
Après un moment, mes mains sont froides, le nez aussi, différentes sensations surviennent… Je suis dans cet état si particulier…
Maintenant, tout bouge… et apparait comme un jeu. Il y a des mouvements, des doux mouvements…
Je suis Tout… tout émane de Moi et tout se modèle à travers Moi. Il n'y a que la Joie… il n'y a que la Joie… C'est nous qui créons tout !
C'est comme si tout ce qui avait existé dans nos vies avait toujours été là… et que finalement cela n'avait pas d'importance de savoir pourquoi !
Il n'y a que Moi, c'est fantastique… je suis le centre de tout et je ressens clairement que tout émane de Moi-même et que les choses s'entrecroisent…

Tout est possible à tout moment. Le jeu de la vie, c'Est !
Soudain, le temps s'est arrêté… Il n'y a que le Présent qui compte… le Présent, il n'y a que l'instant, que l'éternité.
Il n'y a plus de temps… plus de Salvatore…

C'est un peu comme si Je décidais soit de rester dans l'éternel présent où tout se joue… soit de m'inventer une histoire où Je n'ai plus mémoire de rien…
C'est comme si… Je suis ici et maintenant et tout ce qui se dessine, c'est ce qui se dessine à l'autre extrémité de Moi-même… mais c'est Moi-même aussi ! Tout se dessine autour de Moi, mais c'est Moi aussi…
Tout est toujours là en permanence… à notre portée.
Notre Conscience éveillée est déjà là ! Tout est là… il n'y a à se soucier de rien ! Quel réconfort immense…

Tout est possible… nous pouvons tout créer… Tout est toujours là disponible… C'est le mouvement de la vie.
C'est comme si… dans ce mouvement… rien n'a vraiment d'importance… que la Réalité que je suis !
Je suis dans cette vie relative la Totalité… dans tout et Je suis partout !

Tout est toujours uni… Je suis toujours au centre de toute chose. Il n'y a que le présent ! Il n'y a que le présent qui compte… pour vivre sa journée… pour être heureux, pour prendre plaisir à ce que l'on fait… et apprécier ce que l'on Est…
Il n'y a pas d'après !… Tout est Soi-même ! Tout est là !
Il n'y a pas au-delà d'ici… il n'y a que l'ici, le Présent.
Tout est une expression de ce qui Est…
La vie est une expression de ce que l'on Est… la vie, c'est Nous-même !
Il n'y a rien ailleurs… Il n'y a pas d'ailleurs… il n'y a pas de par là… tout est ici, dans l'instant, dans le Présent !
Toute expérience est une expression de Soi !
Tout est uni dans l'instant, il n'y a que Cela… que l'instant, que le Présent. Tous est Nous-même… dans ce que l'on vit, tout est lié et uni à l'ici, à l'expérience du moment !

Tout est toujours Soi-même… la Totalité, même quand on ne perçoit qu'une partie… c'est cela aussi !
Chaque perception limitée du Tout… de la Conscience Absolue, c'est aussi la Totalité !
L'hologramme, c'est ce qui émane de la Conscience…

Chaque aspect de l'hologramme nous amène à la Totalité puisque chaque aspect est Cela aussi !
L'expérience limitative que j'ai de mon corps, d'une seule émotion, d'une seule pensée… de ma demeure, de mes activités, de ma vie, de notre monde… chacune de ces expériences aussi infimes soient-elles, de cette vision limitée de l'hologramme… c'est aussi la Totalité !
L'air que je respire, c'est aussi la Totalité.
La lampe que j'allume, c'est aussi Cela.
L'eau qui coule, c'est aussi la Conscience.
L'ignorance, l'oubli, le fait de croire qu'on est séparé, c'est aussi la Totalité.
L'expérience, c'est aussi la Conscience.
Ce moment, le temps, c'est aussi Moi-même !
L'espace, c'est aussi Moi.
Tout est uni, il n'y a rien qui nous sépare… qui soit séparé…
Tous ces moments illusoires du film sont reliés, unis à la Conscience elle-même, indissociables de la Totalité.

Croire qu'il n'y a que le film, les réalités virtuelles, l'imagination… c'est une illusion…
Une illusion, c'est une illusion et c'est aussi la Totalité !
Quand j'expérimente l'illusion, l'illusion me ramène directement à la Totalité parce qu'elle est unie à la Conscience elle-même…
La Totalité englobe tout, elle est tout ce qui Est…

***

Je ressentais la puissance phénoménale et tranquille du Moi duquel tout émane et qui englobe tout… qui peut tout créer, tout façonner, tout transformer avec fluidité. Toute chose créée, quoi qu'elle puisse paraitre dans une conscience individuelle limitée, est toujours une expression merveilleuse et parfaite du Moi ! J'en vivais la Joie, la légèreté, la complétude, le Un !

Je suis fortement impressionné par cette compréhension qu'il n'y a pas d'ailleurs, que tout est lié à l'instant, à l'expérience que l'on vit car le Moi y est présent et en même temps est présent partout ! Ici et maintenant est une place précieuse qui permet de tout Connaitre, de Me connaitre en un aspect et en tous les aspects dans l'unité.

La clé : Cela et Cela aussi !

"Le monde virtuel et le Moi infini, le limité et l'illimité sont unis et indissociables, ils ne font qu'un, comme l'instant et l'éternité... Tout est le Moi infini, la Présence qui englobe tout, partout présente."

Révélation :

Tout est toujours Soi-même... la Totalité, même quand on n'en perçoit qu'une partie, c'est Cela aussi !
Chaque perception limitée du Tout, chaque expérience et chaque aspect de l'hologramme sont aussi la Totalité !
Tout est lié à l'ici, à l'instant, à l'expérience que l'on vit. Il n'y a pas d'après, il n'y a pas d'ailleurs...

Un "véritable" Maître disait à ses disciples : Tous, vous êtes comme moi-même. Entre vous et moi, il n'y a pas de différence sauf une : c'est que moi, je sais que je suis Cela... que je suis éveillé, que je suis toutes les perceptions, que je suis la Totalité comme chacun de vous et je ne me pose plus la question !
Mais, vous, vous cherchez toujours parce que vous ne comprenez pas que vous l'êtes aussi !

Vous cherchez des réponses, vous cherchez un chemin, vous voulez atteindre un but… Vous cherchez à demeurer dans une seule perception, un seul état d'être. Vous ne regardez pas au bon endroit. Je vous donne un indice : la Totalité est plus proche de soi que soi-même !

Souvent, on se fourvoie dans l'idée, qu'après un long chemin, un Maître est éveillé car il a en permanence la perception complète de la Conscience infinie et de rien d'autre et qu'il faut atteindre ce sommet, cette constance… Tant que l'on n'aboutit pas à cet état de vision illimitée continuelle, on considère alors que l'on n'est pas arrivé et on continue à chercher à être uniquement dans cet état si particulier de perception Absolue permanente…
C'est une erreur de compréhension par rapport à ce que l'on Est !
Le "Maître" sait qu'il est toujours éveillé et qu'il ne saurait rester continuellement dans cet état Plénier… Car la fluctuation de la perception, c'est ce qui fait la richesse de la vie, de l'expérimentation !
Quand sa perception fluctue, diminue et qu'il s'éloigne de son extase, que fait ce Maître spirituel ?

Simplement, il "revient" à une vision plus vaste !

La Réalité de notre Nature Véritable est que nous sommes toutes les infinités de perceptions une à une à la fois et toutes ces mêmes immensités de perceptions ensemble en même temps !
Chaque vision est une expérience comme une autre, cela revient à dire que toute perception que tu vis est toujours la Totalité !
Tu es toujours Totalité, même dans une connaissance relative limitée, même dans une identification quelle qu'elle soit !
En fait, si tu veux te situer dans un classement de la plus petite à la plus complète perception de la Conscience Absolue, où que tu penses te trouver sur cette échelle, tu es, comme chacun, tous ses niveaux avec toutes leurs variantes à la fois, ils sont tous et chacun la Totalité !
Ce qui nous dépasse finalement, c'est que la plus limitée des pensées, des connaissances, des émotions, des actions ou la moindre des choses possibles et inimaginables est la Totalité aussi !

Elle est contenue dedans, elle est un aspect de Tout ce qui Est et cet aspect est également le Tout Ce qui Est en même temps !

La Totalité est donc aussi dans l'illusion, l'illusion d'ici, de ce monde qui n'existe pas ! C'est pour cette raison que tu ne peux jamais être séparé de Toi-même ! Tu es toujours tout, Totalité !

La Totalité est même dans la limitation, dans la séparation, dans le film, comment est-ce possible ?

La personnalité n'existe pas, le corps et la matière n'existent pas, c'est le film, c'est l'illusion. Et ce film, en tant que données, en tant qu'informations, est aussi la Totalité !
Tu es dedans, tu es ce Moi, rien ne peut t'en séparer, Tu y es toujours uni en permanence… Ce monde n'existe pas en dehors de Cela, il n'existe que dans la Totalité. Tout est Conscience, il n'y a rien qui existe en dehors de Tout ce qui Est.

La Totalité, c'est :

° Cela ! La Perfection infinie, la Conscience Absolue, immuable.

° Cela aussi ! Toutes les perceptions infinies et variables d'Elle-même de la plus infime à la plus vaste dans les films illusoires. C'est "Cela aussi" parce que "aussi" est déjà "Cela", la Totalité.

"Cela" et "cela aussi" sont unis et indissociables, il n'y a pas de séparation, ils se confondent l'un l'autre, ils ne font qu'Un !

Une perception limitée est une expérience et une expérience est aussi Toi, la Totalité ! Même quand on a une perception limitée, on est toujours Tout : sa Nature véritable, Moi, la Conscience, Tout Ce qui Est.
La perception limitée est cela aussi, elle est inclue dedans ! Dans chaque facette, il y a toujours le limité et l'illimité qui sont unis. Une vision étroite "hors" de la Totalité n'est pas possible ! Si tu n'étais pas la perception Absolue, complète, tu ne pourrais avoir une perception limitée ! Une vision infime est toujours contenue dans toutes les perceptions infinies… que la Conscience a d'elle-même en s'explorant dans ce domaine de toutes les possibilités.

Rien n'est en dehors de la Conscience, rien !

Quand je perçois ma Réalité diminuée, presque oubliée, je me sens démuni, que faire ?

Lorsque ta perception devient restreinte, c'est souvent inconfortable… c'est le signe de réagir, c'est une invitation à élargir ton point de vue !
Quand tu crois faussement que tu n'es plus dedans, que tu perçois moins, que tu es pris dans une pensée, une émotion, et bien, si tu le désires, "reviens", tu es toujours Tout !
Les préoccupations, les doutes, ça ne fait rien s'ils se produisent ; dès que tu t'en rends compte, "reviens" à la compréhension, à la vision de ce que tu Es déjà ! C'est comme pour te dire : *Tu es cet aspect-là aussi et énormément plus en même temps ; de toute manière, Tu Es déjà !*
Et donc, tu reviens à ce que tu Es avec la vision plus vaste…
Ce sentiment d'incomplétude, d'isolement, de petitesse n'a donc pas d'existence en dehors de la Totalité, tu comprends alors que vraiment tout est présent dans l'instant !
Ce qui est formidable, c'est que ce peu de conscience, c'est aussi la Totalité !
Tu es déjà parfait… même s'il y a des moments où tu élèves la voix, où tu t'impatientes. Que tu t'emportes un instant, que tu fasses des "erreurs", que tu casses un verre… peu importe, quelle que soit la situation, tu es bien plus que ça ! L'erreur n'a aucune existence en elle-même, c'est une expérience comme une autre, elle permet d'apprendre : de te redéfinir et de te repositionner dans le film de ta vie !
Ce magnifique hologramme te permet une exploration… de Toi-même à travers tout : toutes les situations, toutes les fluctuations, toutes les expérimentations, toutes les nuances…
Tu es toujours la Perfection. Pourquoi ?

Parce que tu es infiniment plus que la situation, le rôle, les sentiments, les émotions, le film… Quand tu prends conscience que tu t'es identifié, l'identification n'a plus raison d'être et elle disparait… Rien ne peut te séparer de la Totalité et de la Perfection que tu Es. Tu es toujours éveillé, toujours le Moi !

La Clé Absolue est de savoir que tu es déjà la Totalité ! Il n'y a rien à faire de plus ! Tu es dedans, tu es Cela !
La Totalité que tu Es s'explore elle-même à travers toutes les perceptions infinies et, en même temps, en une seule perception à la fois, celle que tu as pour l'instant dans cette vie, dans ce film. Celle-ci varie selon l'expérience que tu veux avoir, selon l'exploration souhaitée.
Chaque sensation, expérience, vision, connaissance ou perception est une onde d'information instantanée que la Conscience ou Moi illimité a d'elle-même !

Lorsque je sais que je suis la Totalité, suis-je toujours aussi dans l'hologramme ?

Ce monde, tous les mondes, toutes les dimensions, bref ce gigantesque hologramme est intimement lié à la Totalité que tu Es puisqu'il en est une émanation. Tu ne peux dissocier les "deux" ! Tu "es" toujours dans l'hologramme, dans le virtuel, ici et partout en même temps !
Le jeu te permet de te voir toi-même, de te découvrir Toi-même, d'apprécier la magnificence de ce que tu Es déjà !
Le fait de comprendre que tu es déjà Tout, la Conscience Absolue, ne peut que te libérer et alléger ta vie ! Ces vérités extraordinaires sont là pour te procurer la joie et le bonheur !

Et quand on n'y croit pas ?

Tu le sais, oui, même quand on n'y croit pas… quand on se sent complètement déconnecté. Cette perception tronquée est une vision comme une autre contenue aussi dans l'infinie variété des connaissances… que la Conscience que nous sommes a d'elle-même en s'explorant elle-même ! C'est une manière que nous choisissons pour explorer Je, Soi-même, notre infinité…

C'est chaque fois la découverte…

Ce que tu expérimentes maintenant, cette réalité virtuelle, c'est un aspect de l'hologramme et c'est la Totalité aussi !
L'espace-temps qui appartient au film de ta vie est une infime partie de la Réalité et c'est aussi la Totalité elle-même. Le temps, c'est un aspect de la Conscience et c'est aussi la Totalité !
L'espace, c'est un aspect du Moi et c'est aussi la Totalité ! Tout se rejoint. Il n'y a plus rien qui te sépare…
Tu te rends compte ?... Tout est vraiment uni !

La moindre des expériences que tu vis, c'est aussi la Totalité parce qu'à elle seule, cette expérience n'a aucune existence !
Toute perception de l'hologramme provient de cette Conscience Absolue que tu Es !
Tu peux même citer tout ce que tu croyais qui te séparait de la Conscience, de Cela et tu vas découvrir que tout ce que tu as mentionné : le manque de compréhension, l'identification, la frustration, la vision limitée… est aussi la Totalité !

Tout est Totalité et il n'y a rien qui peut t'en séparer. Tu es dedans, tout est Toi-même !

Même si quelqu'un disait : C'est bien intellectuel, cette explication… et bien, cette réflexion est aussi la Totalité ! Tout est Cela et, par le biais du mental, de l'intellect, de la logique, tu peux aussi avoir la compréhension et capter que tu es la Totalité et que tout… même la moindre des visions limitées, t'amène à Cela, la Conscience ! Tout est intrinsèquement connecté. Tout est Je. Tout est Conscience.
Le film est la Totalité aussi !
Quand tu enlèves le temps et l'espace, que reste-t-il ?

Il n'y a plus de semblant de matière ni cet aspect limité de voir les choses une à une. Il ne reste que l'Information instantanée que la Conscience Absolue a d'Elle-même !
De l'infiniment petit à l'infiniment grand et dans toutes les réalités et dimensions, il n'y a que la Totalité, la Conscience illimitée.

Alors cette fleur, c'est la Totalité ?

Cette fleur est une émanation de la Totalité et est la Totalité aussi. Elle est "Cela aussi" ! Tout est Conscience dans la Conscience infinie, elle est dedans comme la vague qui se confond avec l'océan. La fleur est la Totalité "Cela" au niveau de l'Information. Comme tu le sais, la matière que tu vois de la fleur n'est qu'une information parmi tant d'autres dans la vastitude d'informations... qu'a la Totalité d'Elle-même et, en même temps, est la Totalité ! Ce que tu Es ! Car rien n'est séparé... tout est toujours uni, Un !
La quantité illimitée d'informations qu'a la Conscience sur Elle-même, toutes à la fois et une à une, sont toujours ensemble unies dans l'instant !
Dans la perception plénière que j'ai vécue de la Totalité, je percevais l'Information complète, le Un, la Présence. Tout est la Conscience, même le mur de la pièce, c'est Moi-même ; il n'y a pas de différence entre le mur et Moi, il est la Conscience infinie Elle-même. La Connaissance est instantanée, elle est déjà là. Elle est toujours là. Chaque information est indissociable de la Totalité, elle est Conscience Absolue !

Toutes ces données qui sont émises de la Conscience, de la Totalité et qui lui "reviennent" instantanément, ce "va-et-vient", cette danse, c'est la Conscience consciente d'Elle-même... Tu es toujours la Totalité elle-même et aussi cette infime perception !
La Sagesse infinie de la Totalité que tu es est toujours contenue dans le plus petit détail aussi infime soit-il de l'hologramme !
L'Amour infini de la Totalité que tu es est toujours contenu dans la plus limitée des attitudes du film projeté !
Le Silence infini de la Totalité que tu es est toujours contenu dans n'importe quelle séquence du déroulement de la vie et du temps !

Dans le changement, il y a l'immuabilité ; dans le limité, il y a l'illimité ; dans l'instant, il y a l'éternité ; dans le sourire à peine ébauché, il y a la Joie... Ils sont liés et ensemble parce qu'il n'y a pas d'espace et de temps, tout est en même temps.

Il n'y a que le vaste Moi !

Le Un !
L'Amour infini !
La Conscience Absolue !

Phrases d'inspiration et de méditation :

Je suis toutes les perceptions de la Conscience illimitée, je suis toutes ces perceptions infinies une à une et toutes en même temps !

Je suis la Totalité au-delà de mes croyances et, dans tout ce que je vis, rien ne me sépare de mon infinité.

Je suis la Totalité infinie qui englobe toutes les visions, tout est Moi.

Je suis ici et partout, en même temps dans le film de ma vie et dans l'éternité.

Ta vie est précieuse

"Ma vie est précieuse et fait aussi partie de l'Eternité.
Je suis partout, dans le limité et l'illimité !
Ma place est là où est ma joie."

Révélation :

Même si le monde dans lequel tu vis est virtuel, tout y est précieux, tu y as ta place. C'est à partir de ta vie que tu valorises ta vraie Grandeur ! C'est ce qui est éternel qui est réel...
Ce Moi, que tu es, est aussi dans cette vie et il est éternel ! Ce que tu vis est toujours une expression du Moi ! Toute expérience te permet une plus vaste connaissance de ce que tu Es déjà !
Il n'y a que l'ici et maintenant qui compte pour vivre ta journée, pour être heureux, pour prendre plaisir à ce que tu fais et apprécier ce que tu Es...

Dès la première exploration, j'avais déjà ressenti : *c'est ici et maintenant que je veux vivre, que je suis bien, dans cette dimension actuelle, dans ce corps, dans mon rôle, j'y ai ma place...*

Revenir dans ce monde contient quelque chose de précieux, d'indispensable ! Vivre cette vie est un cadeau unique !

Cette idée de revenir dans une illusion me paraissait un peu étrange... Depuis, j'ai saisi : *Je suis l'éternité et, dans ma vie d'ici aussi, je suis partout et dans l'éternité !* C'est pourquoi chaque vie est précieuse, chacun est important.

Comment se fait-il que nous soyons chacun si important ?

Nous sommes tous très immensément précieux, dans le sens que nous sommes tous le Moi dans nos diverses expériences avec chacun notre propre façon de nous exprimer. Nous ne sommes pas des clones ; au contraire, chacun est unique, particulier, magnifique ! Chacun est indispensable et inestimable dans l'exploration, la découverte et la compréhension de qui nous sommes, dans la "mise en vie" du Potentiel, dans nos rôles de vie, d'expériences, de manières de percevoir qui vont à l'infini !
Dans l'hologramme, tout change, tout passe... tout est toujours nouveau ! Imagine tous ces flocons de neige qui ont existé ou qui existeront, ce ne sont jamais les mêmes, ils sont tous différents, composés de plusieurs cristaux qui sont tous uniques. La création, quand on dit qu'elle est illimitée, elle est illimitée ! Et elle n'est pas finie, elle continue perpétuellement ; nous contribuons à ce que l'exploration se poursuive dans le film. Nous sommes là pour participer puisque nous sommes dedans !
Quand tu sais que la Conscience que tu Es s'explore en se manifestant, tu prends alors vraiment la vie comme un Champ d'expérimentations, de connaissances, de nouvelles perceptions de ta Nature illimitée. C'est en cela que l'expérience quadridimensionnelle est intéressante et particulière...

La vie est un choix. Tu choisis le rôle que tu veux vivre, tu sélectionnes les possibilités que tu veux expérimenter. Tu vis dans l'instant présent, dans le rôle que tu, ce Moi, as décidé de jouer ici et maintenant... Evidemment, tu choisis de vivre cette expérience-ci de vie en sachant que cette vie sur Terre n'est pas matérielle,

que la Nature propre de la Conscience est de s'explorer, d'expérimenter… Tu es conscient que tu es ici et maintenant dans ce monde où tu vis tes activités et que, simultanément, tu es aussi ailleurs, partout ailleurs dans d'autres univers et dimensions !
Lorsque tu intègres que chacun est un aspect unique de la Totalité et en même temps la Totalité elle-même, ta perception prend toute une autre ampleur, c'est comme un gigantesque tourbillon qui englobe tout.

La Totalité que tu es se manifeste dans l'hologramme ; ta vie unie à toutes les infinités de vies fictives est donc précieuse parce qu'elle est le reflet de Toi-même, elle est une exploration de Toi dans Toi-même. La vie, cette prodigieuse création virtuelle, et la Totalité sont Une et indissociables ; tu es l'immuabilité permanente et, conjointement, tu vis une vie dans l'hologramme que Tu es aussi. Ta vie, ton rôle, tes expériences, tes émotions, tes ressentis sont précieux puisqu'ils sont dans ce tout, cet ensemble, cet Un. Chaque expression du Moi est une invitation, un rappel à se reconnaitre comme ce Moi !

Cela n'a plus de sens de percevoir ta vie de manière restreinte comme un minuscule point à un minuscule endroit alors que tu es tout le contraire : *Je suis dans ce point et dans tous les endroits en même temps. Le ici et maintenant n'est pas restrictif, il est large et comprend tout. Tout est dans un ordre, tout fait partie d'une perfection.*
La qualité de cette vie est joie, même quand tu ne t'en rends pas compte ; explorer ton infinité amène à te découvrir aussi ici dans ce monde et à rayonner cette Joie, elle est ta vraie Nature !

L'hologramme permet de t'explorer Toi-même virtuellement ; dans tout ce que tu fais, c'est toujours Toi !
Comme tout est Toi, tu ne peux que t'estimer Toi-même.
La Joie de la vie est de t'apprécier comme si tu te regardais dans un miroir. Tu ne fais que t'amuser en Toi-même, en jouant des rôles, en expérimentant dans les différentes dimensions, en ayant des émotions, des sentiments, des activités, des rencontres…
Tu ne fais que t'amuser, t'aimer en tout ; dans ce que tu vis, tu t'explores à l'infini !

Comment sont les différentes dimensions, sont-elles séparées un peu comme les couches d'un oignon, faut-il les traverser ?

Comme tu le sais, Toi-même, tu fais partie de plusieurs réalités, de plusieurs dimensions. Tout existe en même temps… Souvent, on a comparé les différentes dimensions à des couches successives telles des étapes à traverser une à une pour enfin atteindre le niveau le plus ultime… Mais, ce n'est pas ainsi. En réalité, les dimensions ne sont pas séparées, c'est plutôt comme si elles étaient entremêlées… Elles contiennent chacune la Totalité ; ta conscience peut passer de l'une à n'importe quelle autre directement parce que toutes sont liées, connectées à Tout Ce qui Existe, à Tout Ce qui Est.

La Réalité est qu'il n'y pas de couches successives séparées à traverser ! Le niveau le plus ultime est en tout. Les expériences vécues et les informations intégrées dans ce monde, dans cette vie ont des répercussions instantanées dans les dimensions et les univers parallèles… L'inverse est vrai aussi : quand tu évolues dans une vie parallèle, dans un univers parallèle, tu évolues ici aussi. Il y a un lien entre tous ces films et les films dans les films…

L'exploration avec ton rôle est ta contribution spontanée. Le fait de vivre chaque expérience avec la Connaissance de ta Nature profonde élève la vibration, transforme, apporte à la "réalité" de ce monde et des mondes parallèles. Ton expérience influence notre dimension et l'interaction entre celle-ci et tous les plans parallèles s'amplifie… toutes les différentes dimensions s'unissent pleinement.

Tout est magnifiquement ordonné et fait partie d'une perfection. L'Intelligence infinie est dans chaque création, atome, cellule, expérience, action, vie, étoile, univers, plan…

Tu fais un simple geste et il a une répercussion dans tous les univers et les différentes étendues. Tout est "au courant" de tout et ce geste alimente la création de nouvelles expériences, de nouvelles explorations de ce que tu Es à l'infini !

Tout est interconnecté, toutes les dimensions sont simultanées et tu vis tout et partout en même temps !

Ta vie, comme la vie de chacun, est unique et grandiose ; tu contribues à "unir les dimensions" par tes expériences, en ayant Connaissance de Toi-même, en reconnaissant que tout est connecté. Quand tu prends conscience que tout est Toi-même, le mental décroche parce qu'il n'y a rien à chercher, rien à analyser, rien à faire pour Être, tout est là, c'est là, c'est ici, c'est partout !
La Joie, l'Amour, la Perfection sont dans tout !
Comme tu sais que tu es éveillé, tu vis la vie pleinement parce que tu es aussi bien Présence immuable que film changeant.
Avec la perception de cette interrelation entre les "deux", de cette Unité, le film peut être modifié à loisir, tu peux changer de rôle, vivre ce que tu veux vivre... puisque tout est Toi !

Alors, quelle est ta place ?

Ta place est celle de ta joie... La direction est d'aller où tu te sens bien, où l'expérience te donne joie et enthousiasme... car ta Nature est Joie ! La vie augmente toujours son expression et c'est tout naturellement que, dans le film, tu cherches à aller vers un plus grand bonheur, à développer tes talents, à découvrir, à avoir plus de connaissances, plus de bien-être.
Il s'agit bien entendu de t'écouter, de suivre tes aspirations, tes impulsions, les idées qui te parlent, c'est ce qui fait la vie... Dans la joie immense de connaitre ta Vraie Nature, ton immensité, tu ne fais que t'explorer, jouer, vivre pleinement chaque instant ce magnifique cadeau d'expérimentation de la vie, ton ici et maintenant, comme s'il n'y en avait pas d'autres...

Ta vie est précieuse et atteint son sommet quand tu sais que tu es Totalité... Dans cette Connaissance prodigieuse de Toi-même, ta joie devient plénière et accroit l'appréciation de chaque moment de ta vie dans ce que tu fais. Car c'est à partir de ce magnifique hologramme que tu explores ton infinitude, que tu perçois cette immensité du Moi et que tu valorises la création dans l'Amour de ta propre Grandeur.
Ta place est ici où tu te trouves, ton "point d'expérience" est ton ici et maintenant, il n'est aucunement ailleurs, il est ici où est ta présence, ta joie, qui unit tout et ta place s'étend à l'illimité dans

le partout, dans la Présence infinie !
La "réalité de ton expérience virtuelle" est connectée à ton infinité ! Dans cette vie holographique, tu parcours ce que tu choisis de découvrir et l'exploration du Moi continue à l'infini...
Il n'y a pas de commencement, il n'y a pas de fin. Il n'y a que le Présent, cette immense complétude, et il est rempli de vastitude éternelle...

Expérimentation de ta valeur inestimable :

Pour remarquer, ressentir, vibrer avec ta Joie, ta valeur et ton infinité, interroge-toi :

Où est ma joie ? Qu'a été ma joie en ce jour ?

En quoi suis-je unique et merveilleux ? Qu'est-ce que j'apporte dans cette vie, qu'est-ce que je rayonne ?

Quelle est ma "contribution", ma création ?

A quel moment de la journée, dans quelle situation me suis-je senti le plus le Moi infini ?

Phrases d'inspiration et de méditation :

Tout est précieux dans le monde où je vis, il est une émanation de Moi-même.

Ma Nature infinie est Joie, j'ai la pleine conscience de Moi, je suis ici et maintenant et, en même temps, partout ailleurs.

Chaque expérience dans ma vie me procure un plus grand bonheur... ma place est ma joie !

Je suis dans la gratitude, je dis merci pour tout ce que je découvre et j'accueille la perception de mon infinité à chaque moment de ma journée.

CHAPITRE 6

6ème Exploration

Cette exploration offre un nouvel enrichissement dans la compréhension extraordinaire de notre vastitude, de notre Perfection, de notre Nature infinie.
Vu sa profondeur, elle confirme avec évidence notre Réalité Ultime, la Conscience Absolue.
Joëlle est assise à côté de moi ; je parle pendant la prodigieuse perception du Moi, j'explique ce que je vis et je réponds à ses questions posées à partir du monde relatif. Les réponses viennent, quant à elles, directement de cet Amour infini de la Totalité elle-même !

Tu es, à nouveau, invité à prendre la place de Joëlle lors de cette sublime exploration du Moi…
Imagine : Tu es assis à côté de moi, tu te sens détendu et tu te laisses aller dans la découverte, la contemplation de Toi-même.

> J'ai des sensations dans le corps… j'entre progressivement dans un état plus profond… Tout parait bouger comme un serpent, tout se meut et ondule : ce sont toujours des formes différentes perpétuellement en doux mouvements harmonieux, paisibles… qui ne s'arrêtent jamais… Ce sont des boucles, des

formes semblables à des pétales de fleurs toujours en mouvement… Et, comme en un éclair faisant partie de Moi-même, les compréhensions surgissent…
Je capte de manière fulgurante que… je vis tout en même temps et que je vis ma propre réalité… J'aperçois que c'est Moi qui crée tout… qui crée tout…
Il n'y a rien d'autre que Soi, la Totalité avec une infinité de possibilités, une infinité de facettes, une infinité de couleurs. Il n'y a que Soi… il n'y a rien d'autre.
Tout est là dans l'instant… tout se vit en même temps. Je vis chaque parcelle, chaque couleur, chaque facette… en même temps… dans l'instant.
Il n'y a rien d'autre… c'est Moi et Moi seul qui crée toute chose… Je m'invente des rôles… Je me fais un cinéma à Moi-même… C'est Moi qui crée ma propre réalité, c'est Moi qui crée tout, toutes les réalités… toutes les réalités que Je veux vivre… que Je veux voir. Je fais tout Moi-même…

De flagrantes Vérités se rassemblent… Tout se vit en même temps… Je vis les expériences que Je veux vivre et tout me ramène en définitive à ce que Je suis déjà ! C'est Moi qui crée tout… C'est Moi-même ! Il n'y a que Soi-même… il n'y a personne d'autre… C'est Moi qui crée… Moi-même… c'est Moi qui crée chaque vie, chaque facette de Moi-même, Et Je me vois… à travers Moi-même… à l'infini… conscient d'être Tout Ce qui Est. Il n'y a que Moi et tout est occasion de se retrouver Soi-même ! Tout est là pour se révéler à Soi-même… pour la beauté de ce qui Est !
Il n'y a que Moi, la Totalité, la Conscience infinie, il n'y a rien d'autre, Tout est là !

toi : Quelles sont donc les dimensions supérieures ?

Il n'y a que le Soi, il n'y a que Moi, il n'y a rien d'autre.

toi : Le Soi est immuable ?

Oui, il est immuable… silencieux…

toi : Immuable, silencieux, donc il ne bouge pas. Est-ce qu'il fait des films ?

Il Est ce que l'on veut qu'il soit…

toi : Il n'y a que le Soi qui est ce que l'on veut qu'il soit… Donc on veut pour le moment s'amuser comme ça ?

Oui, c'est ça…
Maintenant… c'est un moment particulier… plus intense… où Je me reconnais en tout.

toi : Tu te reconnais en moi…

Oui, nous sommes Un… il n'y a que Moi… et toi, tu es Moi…

toi : Pourquoi se fait-on un film quand on est silencieux, immuable ? Tu ne vas pas me dire que l'on s'ennuie…

Non, on se regarde… Soi-même…

toi : Mais pourquoi ne se regarde-t-on pas complètement ?

Mais… c'est ce que l'on fait !

toi : C'est ce que l'on fait… et on le fait aussi partiellement quand on croit que l'on est Salvatore ?

Par exemple…

toi : Pourquoi est-on fragmenté… ?

Mais non… On n'est pas fragmenté… c'est Moi… c'est toujours Moi-même !

toi : C'est qui Moi-même ?

Cela qui te regarde… qui se regarde… Soi-même ! Qu'est-ce que tu veux être… qu'est-ce que tu veux vivre ?

toi : Le bonheur et l'amour, la satisfaction, tout le temps !

Voilà… c'est le plus important… l'Amour… la félicité, la Paix…

toi : La félicité, la paix, la sérénité… c'est très beau, mais pourquoi ne les vit-on pas toujours sur terre puisque apparemment tout le monde le désire ? Puisqu'il n'y a que le Soi et que le Soi le veut ?

C'est en train de se faire… Tout est modifiable et tout est… Moi-même ! Tout est occasion de se découvrir Soi-même… et de savoir qu'il n'y a que Soi-même, que le Moi, et qu'il n'y a rien d'autre… Tout mène à Cela, à l'Amour Infini que nous sommes…

toi : Pourquoi a-t-on besoin de venir à Cela puisqu'on l'est ?

Oui, on l'Est… et c'est parce qu'on l'Est que l'on se découvre, que l'on s'explore…
Je ne fais que ça, je ne fais que me regarder Moi-même en Moi-même… Je me contemple à l'infini…

C'est un moment… si particulier que je vis : tout émane de Moi… et il n'y a que Moi… et cela se confond… Tout est possible à tout moment puisqu'il n'y a que Moi.
(silence)
Tu veux me demander autre chose ? Qu'est-ce que tu ressens ?

toi : Parfois… je ressens comme des ondes d'énergie… comme des ondes d'Amour… des Vibrations…

Tu vois… ce sont des moments privilégiés… C'est maintenant que l'on prend conscience qu'il n'y a que Soi-même… C'est prodigieux… C'est Cela… il n'y a que Soi-même avec Soi-même, il n'y a rien d'autre…
(silence)

toi : Et… la vie, les dimensions… elles n'existent pas ?

C'est Soi-même !
Puisqu'on veut les voir, on les voit… Ce qu'on veut voir, on le voit… on crée ce que l'on veut créer… alors…

toi : Tout est Soi-même… alors voilà … c'est vaste…

Qu'est-ce que tu veux savoir d'autre ?

toi : Rien…
(rire)

Je sais… je ne veux rien savoir puisque je suis moi-même, le Moi, je suis Tout, je sais tout, je ne veux rien savoir ! C'est une bonne réponse…

Tout à fait…
C'est comme un jeu… et la moindre des petites choses est là pour s'ouvrir à Soi-même… pour prendre conscience de tout Cela… C'est magnifique… On est Tout…
Il n'y a que Soi illimité, on est ce Moi…

toi : Et le Moi, c'est le calme ?

Aussi.

toi : Et le Moi, c'est la méchanceté ?

C'est une couleur…

toi : Une couleur de quoi ?

De ce que l'on veut qu'elle soit… Ce sont des couleurs, ce sont des formes que l'on veut qui prennent forme… Tout a le sens que l'on veut lui donner, la forme que l'on veut que ça prenne, la couleur que l'on veut que ça ait !

toi : Je vois… Je te pose des questions pertinentes que les personnes voudraient poser… parce que beaucoup sont tracassées et disent qu'il y a un si grand manque d'amour sur Terre. Est-ce que cela doit changer ? Est-ce que cela doit changer… si tout Est ?

Tout est nous…

toi : Donc, quoi que l'on fasse, c'est nous ?

Oui…

toi : Donc, on peut faire des choses que l'on aime bien et on peut faire ce que l'on n'aime pas, c'est pareil ? Quoique je préfère aller vers ce qui me donne plus de joie… On n'a pas de mission spécifique dans la vie… l'univers n'attend pas de nous que l'on fasse quelque chose… ?

Mais, il n'y a que nous… que Moi, que Soi-même… à l'infini !

toi : Donc, on peut faire le scénario qu'on veut ?

Mais oui… tu te mets le scénario que tu veux, toutes les

couleurs que tu veux voir… tu prends toutes les couleurs que tu as envie de voir… Tu expérimentes tout ce que tu veux expérimenter…
C'est pour cela que l'on vit ce que l'on veut vivre… et finalement tout nous amène à nous voir Nous-même… c'est ainsi à chaque fois… tout amène à se voir Soi-même…

toi : Et donc, c'est pour toujours que l'on va voyager dans soi-disant des dimensions, des vies, des découvertes… ça ne s'arrête jamais puisque tout est dans le présent et qu'on se contemple tout le temps.

Cela ne s'arrête jamais… dans le sens où on se regarde, on se contemple Soi-même !

toi : Et on voit des choses… des expériences parce que le Moi que l'on est se regarde tout le temps en fait ?

Voilà… et tout se crée… et tout se crée…

toi : Est-ce qu'on sait se regarder quand on est immuable ?

Je m'observe… me contemple… me regarde… mais c'est un regard conscient… J'ai la Conscience de Moi-même… et toute la Création se déploie d'elle-même !
Je ne fais que me contempler… Je ne fais que cela !

Il n'y a que Moi, Totalité, qui me contemple Moi-même, qui a la Connaissance de Moi-même en permanence dans ma vastitude infinie.

toi : Et donc, on est en même temps immuable et en même temps un mouvement immense, il y a des tas de choses qui se passent ou, du moins, on le voit…

Mais… cela se passe parce que tu veux le voir…

toi : Si on ferme les yeux et qu'on ne veut plus rien voir, ça ne se passe pas, alors ?

Mais, tu ne sais pas fermer les yeux… c'est la Conscience de tout ce qui Est au-delà du regard… qui "voit" tout.

C'est la Conscience Absolue… toujours consciente d'elle-même, consciente de tout… de ce qui Est de toute éternité, de l'infini vers l'infini…
Elle a la connaissance absolue d'elle-même… en se contemplant elle-même continuellement ! Il n'y a que la Totalité qui se regarde elle-même… il n'y a rien d'autre…

toi : Oui, je comprends… elle se regarde elle-même… dans tous les sens possibles et inimaginables, dans toutes les couleurs et toutes les nuances…

Il n'y a que Moi, Je ne fais que cela, qu'avoir conscience de Moi-même à l'infini ! Et le fait de me regarder, tout se "crée" tout seul… émane de Moi… Il y a toutes les formes, toutes les réalités infinies… qui se "créent", qui se font toutes seules… et tout amène à Moi… à ce qui Est déjà… tout me révèle à Moi-même. Je m'explore éternellement ! Je me connais indéfiniment !

toi : Mais la Totalité est donc cette somme de tout…

Voilà… et plus aussi…

toi : Est-ce que le Moi, la Totalité voit la méchanceté ou la guerre ? Ou est-ce uniquement virtuel ?

La Totalité, c'est l'ensemble de tout, la globalité, Un dans l'instant… Tout est Un, et en Cela, la Totalité, ce que tu dis n'existe même plus… Ça n'a aucune signification, c'est comme une couleur… c'est une nuance de couleur… tout simplement… C'Est ! Il n'y a plus de mots, il n'y a pas de

signification à donner aux mots…
C'est un autre moyen, une manière de plus de se voir Soi-même… de se découvrir Soi-même… de s'observer…
On ne fait que se contempler Soi-même… on se découvre à travers les moindres faits et gestes, les moindres couleurs, les moindres nuances… dans le domaine de toutes les possibilités… à l'infini… toutes en même temps !
On contemple ce que l'on Est… et on est tout Amour !
As-tu conscience de tout cela ?

toi : Parfois, j'en prends conscience et c'est magnifique…
Parfois non et c'est le mental qui tourne… qui tourne, qui s'accroche à ce monde… Toi, tu me réponds au niveau de la Totalité et moi, je te pose les questions au niveau du mental, du film, du virtuel, de l'illusion d'être séparée…
Dans la vie, je préfère ne me découvrir que dans le bonheur...

Voilà, aussi… On se découvre dans le bonheur, c'est Cela aussi…
Il n'y a que Soi-même… Il n'y a rien d'autre que la Conscience… rien d'autre… car Tout est là, tout est Un, Tout est Moi : Totalité !

Je demeure un long moment assis avec la connaissance de toutes ces bouleversantes révélations cette formidable exploration de notre Réalité était vraiment prodigieuse.

***

L'exploration est toujours différente ! A chaque fois… j'ai l'impression de "rejoindre" l'immensité où j'étais déjà précédemment dans la perception infinie de la Totalité pour la visiter encore d'une autre manière…

J'étais pleinement conscient de Moi-même, de Tout ce qui Est, de toutes les réalités, de toutes les créations, de tout ce qui fait partie des films…

Je vivais une manière de me retrouver Moi-même tout en sachant que ce n'est pas vraiment me retrouver puisqu'en réalité, le Je est toujours Tout et conscient de tout !
C'est cette conscience de Moi-même qui est de me regarder et de m'explorer, de me connaitre sans cesse qui provoque l'hologramme gigantesque.

Il n'y a rien d'autre que le Moi avec une infinité de possibilités, une infinité de nuances, de facettes, de couleurs. Tout est là en même temps… Je me vois, je me contemple à travers Moi-même à l'infini, conscient d'être Tout Ce qui Est.
Tout m'amène à me souvenir du Moi… révélant sa beauté : l'Amour infini, c'est ce que je suis vraiment…
Ma Connexion est toujours Absolue !

La Totalité se contemple elle-même

"Tout est Conscience, tout est information du Soi,
rien n'est en dehors...
La Totalité que chacun est, se contemple, s'explore...
Elle a conscience d'Elle-même dans Elle-même
de l'infini vers l'infini."

Révélation :

Il n'y a que Moi, Totalité qui me contemple, qui a la Connaissance de Moi-même en permanence dans ma vastitude infinie... Tout est Moi-même !
Je ne fais que me contempler... Je ne fais que cela. Je m'observe... me contemple, me regarde. C'est un regard conscient. J'ai la Conscience de Moi-même et toute la Création émane de Moi, se déploie d'elle-même ! Il y a toutes les formes, toutes les réalités infinies qui se "créent" toutes seules et tout amène à Moi... à ce qui Est déjà. Tout me révèle à Moi-même !

La Conscience Absolue que nous sommes est incroyablement au-delà de la vue, des sens, elle va vers l'infini…
Quand je dis que *le Moi se regarde, que le Moi s'observe, que le Moi ne fait que se contempler,* cela signifie que le Moi a Conscience de Lui-même, qu'il a l'infinie Connaissance de Lui-même, de Sa Réalité Eternelle illimitée, de Tout Ce qui Est !
Et tu le sais maintenant, le fait que le Moi, la Totalité se regarde, se contemple, a conscience d'Elle-même, produit toutes les infinités de réalités, de dimensions qui se créent dans toutes les directions vers l'infini.

Cet hologramme illimité se fait de lui-même, tout seul, par ce Potentiel inouï, cette Energie, cette Présence, ce regard conscient que la Totalité a sur Elle-même ! C'est comme si la Conscience mettait ses données, ses informations en images.

La Totalité Est Présence et parce qu'elle est consciente d'elle-même, de toute son infinité, il se crée une multitude d'explorations, d'expérimentations diversifiées dans le domaine de toutes les possibilités, qui sont les informations d'Elle-même dans l'hologramme espace-temps. C'est toujours en Elle que la Totalité s'explore en chaque conscience individuelle qu'Elle Est ! Toutes ces innombrables expériences virtuelles… sont des informations uniques dans la multitude des différentes informations unies que la Totalité a d'Elle-même.

La Totalité pourrait être comparée à un faisceau étincelant de lumière blanche qui, par le passage dans un prisme ou un diamant à multiples facettes, offre une multitude de lumières différentes colorées. Cette lumière blanche est polychrome : elle contient en elle toutes les couleurs spécifiques qui en émanent… La lumière blanche étincelante est telle la Réalité éternelle, la Conscience infinie englobant tout, toutes les potentialités et ne faisant que se déployer, se contempler, s'explorer dans une infinité de nuances, dans une infinitude de faisceaux colorés qui représentent les multiples réalités virtuelles… les myriades de consciences individuelles, de rôles de vie !
Chaque réalité, chaque information de l'hologramme est un aspect infime et particulier de la Totalité elle-même, du Moi lui- même !

C'est une couleur que l'on veut qui prenne forme...
Toutes les couleurs, les informations émanant du prisme se projettent sur un écran, cet hologramme infini intrinsèquement constitué du tissu d'espace-temps !
C'est grâce au prisme que l'hologramme coloré et infini peut se créer ! Le prisme représente la Conscience d'Elle-même qu'a la Totalité. Par sa Nature de contempler ses informations, Elle parcourt l'exploration des réalités virtuelles à l'infini, une à une, avec finesse et précision...
Pour parfaire cet exemple, notons que la lumière blanche étincelante toujours complète, une et indivisible, par sa propre Nature, ne fait que briller au travers du prisme qui est en Elle-même !
Ainsi se produisent les multiples réalités, cette grandiose création holographique, avec ces faisceaux de couleurs différentes, dont les informations sont toutes étroitement mêlées, liées les unes aux autres et sont Un !
Toutes ces informations qui sont "émises" de la Conscience, lui "reviennent" instantanément ! C'est la Conscience Absolue éternellement consciente d'Elle-même qui englobe tout.

On croit que l'on est uniquement ici dans ce monde virtuel mais, en tant que personne, on n'y est pas ! Dans l'expérience, je constatais : *Je me fais du cinéma à Moi-même !*

Quelle est la raison de se faire du cinéma à Soi-même... ?

C'est parce que la Totalité se regarde Elle-même, dans son immuabilité permanente, qu'une infinité de "réalités" virtuelles se crée. Toutes ces "réalités", toutes les expériences sont ses propres Informations de Connaissance d'Elle-même !
On s'imagine que, quand cette création se réalise dans ce gigantesque hologramme, elle prend un temps, un espace alors que tout est instantané : la Totalité a directement conscience de tout en globalité, d'Elle, de ses informations toutes ensemble unies !
La Conscience illimitée est Présence, éternellement dans la conscience d'Elle-même.

En tant que Moi unique, tu t'explores dans l'infinité des dimensions, déguisé en une multitude de consciences individuelles avec l'immensité de toutes les expériences et perceptions… dans l'instant. C'est la Connaissance du Moi, la Conscience de Toi-même, tu te contemples et c'est cette contemplation qui crée le cinéma.
C'est dans ce sens que la vie est un jeu, tu peux la vivre insouciant et confiant… tu es déjà tout, tu as toujours été Tout !

On ne se croit que dans le film de notre vie, alors que l'on est déjà dans toutes les vies et dimensions, partout en même temps, dans l'impliqué, dans le non impliqué, dans Tout Ce qui Est. Notre minuscule film est une des infimes manifestations holographiques de la Totalité qui a Connaissance d'elle-même ; Elle est partout, ne fait que rayonner et tout le rayonnement, c'est tout ce cinéma, cet "observable" manifesté qui se crée "autour"… Dans le même temps, ce rayonnement "autour" est toujours "dedans", est aussi le Moi ; c'est cela qui est prodigieux…
Ce rayonnement n'a pas d'existence en dehors de la Totalité, il fait partie de ses informations, il en est inséparable !

Notre monde, notre vie avec nos expériences sont des informations virtuelles "déployées" dans le temps et l'espace.
Dans la perception Absolue, tout est le Moi, il n'y a pas d'étalement, tout est information du Moi infini qui s'explore, se contemple, est conscient de tout dans l'éternel présent !

La Réalité est la Conscience consciente d'Elle-même dans Tout Ce qui Est… dans l'ensemble complet de toutes les expériences, films de vie, hologrammes d'univers et de dimensions, avec tous les espaces, tous les ici et maintenant rassemblés… tout, absolument tout, qui forment le Un, Cela… dans toutes ses informations infinies.
Et Ce qui Est, le Un, est encore énormément plus que la somme de tout ! C'est le Moi, cette Présence dont la Nature est pleine Connaissance de Lui-même en se déguisant en moi et en moi et en un "autre" moi… se faisant du cinéma dans ce grand théâtre de la vie… Il se "révèle" à Lui-même !

La biologie quantique a démontré que notre corps jouit d'un niveau incroyable de cohérence. Les cellules d'ADN, non utilisées dans la synthèse des protéines, seraient impliquées dans une sorte d'hyper-communication holographique instantanée.
Le système vivant tout entier émettrait un champ de résonance, un champ non-local et omniprésent, un champ référencé comme un champ de conscience ! Voici les paroles de la biophysicienne Mae Wan Ho : *"Des ondes quantiques invisibles se déploient à partir de chacun d'entre nous et pénètrent tous les autres organismes. Chacun reçoit simultanément les ondes de tous les autres organismes, qui se fondent avec sa propre composition... Nous participons donc au théâtre de la création, en permanente représentation."*

Il y a continuellement des échanges dans ce vaste Champ de toutes les possibilités de scénarios, dans cette infinité de façons de s'explorer Soi-même. Chacun de nous en tant que personnalité, film de vie, est relié aux autres personnalités et films de vie de tout un chacun, connecté à tout... il n'y a pas d'existence, de vie séparée !
Chacun de nous en tant que conscience individuelle est relié aux autres consciences individuelles.

Comment se fait-il que la Totalité soit plus que la somme de tout ?

La Totalité est évidement immensément plus que la somme de toutes les informations qu'elle contient. C'est un peu comme une fleur dont tu vois la tige, les feuilles, la sève, les pétales un à un, la racine, toutes les cellules. Cette fleur est bien plus que la somme de ses constituants : elle s'ouvre, grandit, parfume... C'est une merveille de la nature, de la vie !

Tu peux aussi penser au corps humain qui contient rassemblées une infinité de cellules différenciées, spécialisées, mais l'ensemble des cellules ne définit pas à lui seul le corps, il n'est pas que l'ensemble de celles-ci !
En effet, il témoigne de bien plus, d'une organisation, d'une vie et de capacités magnifiques : penser, mémoriser, digérer, grandir,

se réparer, marcher, ressentir, réaliser, communiquer, s'émouvoir. Il connait une perfection dans tout, même dans la cellule qui s'élimine. Si déjà à l'échelle d'une fleur, d'un corps humain, on s'émerveille de cette splendide intelligence, cette vie, cette organisation, cette cohésion, cette collaboration, ces potentialités… imagine à l'échelle infinie de Tout Ce qui Est, c'est indescriptible !

Dans la Totalité, tout est uni, interrelié en permanence dans l'instant. Tu prends n'importe quel aspect et c'est aussi la Totalité, Cela. Il n'y a rien qui peut être enlevé, séparé, il n'y a pas de morceaux, tout est entier, uni ! On ne peut pas défaire le Un : on est tout, dedans, partout à la fois et en toute chose. La Totalité éternellement immuable et non impliquée, non changeante et qui englobe tout est le Potentiel illimité de Joie, d'Amour, de béatitude qui soutient tout et permet toutes les interactions entre tous ses différents films, temps, lieux… nuances, perceptions, expériences, sentiments… dans le sens où le Moi, la Totalité a la conscience, la Connaissance infinie d'Elle-même.

La Totalité est Conscience Ultime, Présence éternelle, Intelligence sublime, dans une Paix et un Amour Absolus. Elle est indéfinissable : elle est Cela !

La vie devrait toujours être bonheur, alors !...

Tout à fait. L'essentiel est donc de partir du point de vue de la Totalité, du Moi, du *Je suis déjà Cela*, de la perspective d'unité d'ensemble où rien ne peut être mis en dehors afin de valoriser le film, le reconnaitre précieux. Car c'est à partir du film de ta vie, ton ici et maintenant, à travers tes expériences, que tu perçois l'immense Grandeur, la Plénitude de la Totalité que Tu Es !

Ces deux "aspects" *Je suis la Totalité* et *Je suis aussi dans l'illusion du film de la vie* sont Un…

Tu aimerais avoir constamment cet état de bonheur, de plénitude ?

Mais, cet état est toujours présent, déjà là car c'est ce que tu Es ! Tu l'as déjà perçu de différentes manières, lorsque tu vis une paix, un silence, une joie, l'amour… et il t'est toujours accessible !

Si tu mets ton attention *sur "Je suis Joie", "Je suis éveillé",* c'est ce que tu vas vivre ! Il n'y a que ta présence, ici où tu te trouves, et tu choisis dans quel présent tu veux vivre selon ton attention, selon ta vibration...
Tout est Totalité, elle est partout en même temps et tout ce partout se rejoint dans l'instant, l'éternel Présent, à chaque fois.
C'est l'hologramme illusoire avec le temps et l'espace qui fait que tu n'expérimentes et ne perçois qu'une petite partie variable de Cela et non constamment Cela dans sa globalité. Si tu enlèves cette illusion, tout, absolument Tout, est là !

Savoir que tu es la Totalité, c'est comme savoir que tu es milliardaire... Tandis que le fait de ne pas savoir que tu es opulent te limite dans l'utilisation de toutes les possibilités de ton Potentiel incommensurable.
Vois ta richesse à l'infini : la Félicité éternelle, la Présence, la Conscience Absolue, l'Invincibilité que tu es !
Entre le Moi et toi, il n'y a rien de séparé... Tu es toujours Un, Totalité ! Tu choisis de vivre tel aspect de Toi-même et tu le découvres dans ton cinéma... et, simultanément, tu as toutes les connaissances de toutes les expériences de toutes les vies indénombrables puisque tu vis dans toutes les dimensions en même temps et que la Totalité que tu Es a toutes les informations, la Connaissance entière et infinie d'Elle-même "avant même" que tu t'explo-res dans cette vie !
Tu es richissime et tu utilises ton Potentiel infini. Tu vois ce que tu veux voir, tu matérialises ce que tu veux matérialiser, tu explores tout ce que tu veux expérimenter...

Ta vie est un grand terrain de jeu et tout devient plus facile pour toi lorsque tu sais que tu es déjà le Moi, Tout ! Tu te sens guidé dans ton épanouissement, ta perception est grandissante, tu vis davantage le Présent et, en vibrant avec ta Réalité, tu es rempli de la Joie et de l'Amour infini de ta Présence. Cette quiétude, cette joie, ce détachement, même s'ils fluctuent, changent grandement la qualité de ta vie !
Et même s'il t'arrive d'oublier, de t'identifier, de te laisser prendre par une situation, cette impression se dissipe de plus en plus

spontanément, tu sais qu'il te suffit de revenir à ta Présence toujours présente !

Maintenant que tu connais ta Grandeur, tu vibres à un nouveau niveau ! Chaque instant peut te révéler à Toi-même, te donner la perception directe infinie de la Totalité que tu es !
C'est comme dire que la moindre parcelle de l'hologramme peut reconstituer l'hologramme illimité tout entier !
Tu sais que tout ce qui t'entoure est Toi-même, ici et dans tous les univers et toutes les dimensions... C'est superbe... Tout Est déjà là. Tu peux le percevoir à travers la vie, à travers toi, à travers tout.

Quand tu réalises que tu es déjà Tout, que te reste-t-il à désirer ?... Rien... Il te reste à t'apprécier, à t'amuser dans la joie de l'expérience. Réellement, il n'y a que l'Amour, tu ne fais que te contempler à l'infini !

Phrases d'inspiration et de méditation :

Je suis Conscience Absolue, la Totalité, je contemple la splendeur éternelle infinie que je suis, en permanence, à tous niveaux d'existence, jusqu'au moindre détail.

Je suis la Vie, la contemplation de Moi-même dans l'éternité ; tout est Amour, tout est Joie, tout est merveilleux à chaque instant.

Je m'explore et me contemple à l'infini...
J'ai la Connaissance de l'immensité que je suis !

Comme une couleur

"Rien n'est bon ni mauvais, c'est comme une couleur...
Tu vois ce que tu veux voir,
tu manifestes ce que tu interprètes, ce sur quoi va ton attention,
tout n'a le sens que celui que tu veux lui donner.
C'est toi-même qui crées ta réalité
et tout t'amène toujours à une vision plus vaste, Ton Infinité !"

Révélation :

Il n'y a que la Totalité avec une infinité de possibilités, de facettes, de nuances. Tout est là et tout se vit en même temps.
Ce sont des couleurs, des rôles, des formes que l'on veut qui prennent forme.
Toute expérience n'a le sens que celui que l'on veut lui donner, la forme que l'on veut qu'elle prenne... la couleur que l'on veut qu'elle ait !
Tout est là pour me révéler à Moi-même, pour la Beauté de ce qui Est !

Chaque expérience dans le film de la vie est semblable à une couleur, une nuance, une information. Et toutes ces nuances, ces possibilités, ces rôles, la moindre des situations, la plus infime des sensations se valent dans le sens où toutes les expériences t'amènent en définitive à Cela, au Moi, à une plus grande perspective de ce que tu Es déjà. Toutes tes expériences sont toujours informations, énergies, expressions du Moi, Conscience du Moi !

Les rôles se valent peut-être, mais je préfère en vivre certains plus que d'autres…

Quand une personne oublie sa Présence, ce qu'elle Est, Totalité, elle a évidemment tendance à s'identifier, à juger sa vie. En s'identifiant facilement à une situation, une action, une émotion, elle interprète, qualifie, refuse tout ce qui lui parait désagréable et son attitude l'éloigne de sa Joie. Pourtant, cette situation ou émotion inconfortable est surtout un rétro-mécanisme, un feedback, une occasion de comprendre et de changer sa vision des choses ! Ces circonstances déplaisantes lui apportent les messages nécessaires pour lui permettre de redéfinir ce qui lui convient ou pas, de faire ses choix et de se réajuster dans ses pensées, ses perceptions, son état d'être !
Chaque situation, même pesante, est une merveilleuse opportunité d'un déclic possible pour revenir à sa Nature, le Moi ! Si tu reconnais ta Nature infinie d'Amour, tu sais que tu es plus que la personnalité, le rôle du film et tu te souviens que toute situation est un cadeau pour Te connaitre davantage et te réorienter vers la Joie, vers le Moi. Tu ressens de la gratitude pour toute circonstance et ta gratitude te donne accès à ta présence, la Présence, à ce que Tu Es véritablement.
Tu captes alors que ce que tu vis, tes attitudes, tes actions, tes pensées, tes émotions sont le prolongement direct de toi-même. Tu peux ensuite mieux te repositionner : sélectionner où mettre ton attention sur ce que tu veux vraiment. Tu utilises ton Potentiel infini : ce Pouvoir de changer les situations et ainsi de matérialiser plus d'Amour, plus de joie, plus d'abondance !

Quand une personne oublie sa Présence, elle a également une grande tendance à juger les autres… et elle oublie qu'en réalité, "chacun" est ici en "quête" de joie !

Même quelqu'un qui vit la méchanceté, qui provoque des guerres ?

Quelqu'un qui a une perception fortement limitée du Moi, de la Conscience Absolue qu'il est, agit au mieux selon sa propre vision. Y as-tu déjà réfléchi ?
Quel que soit le rôle joué dans cet hologramme, chacun agit toujours avec la perception qu'il a à ce moment-là du Moi, de lui et des autres et fait ce qu'il croit être le mieux selon ses propres critères ! De ce point de vue, il y a une perfection dans ce qu'il fait. D'un autre point de vue, c'est vrai, il vit dans l'insatisfaction, il n'a pas la solution, il reste dans un fardeau de croyances, une limitation énorme, une identification de manque…
Cependant, sa véritable aspiration, quelles que soient ses actions, qu'est-ce ?

C'est avoir plus de bonheur… s'ouvrir à la plénitude, à la Conscience qu'il est ! Et lorsque sa perception augmentera et qu'il se rendra compte qu'il est beaucoup plus vaste que ce qu'il croyait, sa vie et ses actions seront colorées de plus d'Amour et de plus de joie !

La Totalité, Cela, s'observe sous une infinité de facettes, de couleurs à travers les multiples perceptions des consciences individuelles. Un individu peut ne pas percevoir la Totalité et s'en croire séparé ! Quand il perçoit plus largement, il saisit qu'il est uni complètement à Ce qui Est, le Tout, et qu'il est la Totalité Elle-même qui s'explore aussi à travers sa conscience individuelle ; sa vie en devient transformée…
La propre nature du film de la création, comme tu le sais, est d'évoluer : tout à toujours sa raison d'être dans l'interaction avec l'ensemble de l'hologramme, tout y change, tout s'y transforme, tout y passe… Tout fait partie d'un tout dans l'espace-temps évolutif de ce monde ! Il y a l'évolution, non seulement au niveau technologique, matériel, scientifique, mais surtout au niveau spirituel, de la perception, de la Connaissance du Moi, au niveau de l'ouverture à sa propre Perfection…

Cette sublime Vérité de ton infinité que tu découvres ici te permet de faire un énorme bond quantique… elle est l'évolution plénière de chacun !

Si chacun de nous savait cette incroyable Vérité de la Connaissance de Soi, ce serait rapidement la paix mondiale alors… ?

On peut imaginer que, dans un avenir très proche, avec cette Connaissance, l'humanité aura tant évolué dans le film de la vie qu'il règnera la paix, la santé, l'abondance et l'Amour pour tous !
Et cet avenir est déjà !
D'où l'importance et l'urgence de répandre ce message !

Comment est-il possible que toutes les actions se valent, qu'une expérience ne soit pas meilleure qu'une autre ?

Tout ce que l'on voit et réalise s'inscrit dans un ensemble évolutif ; ce n'est pas qu'il faille faire n'importe quoi, non, la nature de la vie est toujours d'évoluer, d'apprendre, de découvrir… Comprends bien qu'en fait il n'y a aucune erreur, que finalement tout t'enseigne pour t'ouvrir et te reconnaitre Moi illimité, Totalité, dans ce gigantesque hologramme. Chaque rôle virtuel et ses actions sont des informations dans la Conscience et chaque donnée est unique ! Cette information, cette onde dans la vue absolue est au-delà du bien et du mal, chaque expérience est une information qui s'inscrit toujours dans un ensemble, dans une perfection parfaitement cohérente. Au niveau de l'Absolu, il n'y a pas de sélection, pas de séparation, pas d'analyse…
Le Moi demeure toujours dans cet état d'ensemble, d'Unité, de plénitude, d'immuabilité, d'infinité, d'invincibilité : il est impliqué et non impliqué à la fois, tout est la Totalité.
C'est un peu comme quand tu es dans ta maison, dans la sérénité, que tu regardes par la fenêtre avec un recul infini, tu as alors une vue d'ensemble, tu ne vois que la Perfection, tu sais que rien ne peut t'atteindre car tu Es Tout. A ce niveau, chaque action, chaque expérience est comme une onde, une nuance : c'est une couleur comme une autre !
Pourquoi ?

Parce que ces expériences dans l'hologramme, ces variétés de perceptions, de sensations, d'émotions, d'aspects, à travers les rôles respectifs de chacun et toutes leurs interactions, font partie d'une infinité parfaite d'informations d'un ensemble... toujours unies, toujours Un !

Tu vis toutes les myriades de vies en même temps, ta vie sur terre en tant que (ton prénom...) est une expérience parmi tant d'autres dans l'infinité des possibilités. Dans un autre univers parallèle, tu as une vie différente avec, par exemple, une très grande perception du Moi ; dans un autre plan, une vie avec une perception encore plus large et tu te découvres autrement et ainsi de suite avec toutes les variantes... à l'infini !

La Totalité que Tu es s'explore toujours, se contemple Elle-même dans toute cette vastitude. Elle a connaissance de son infinité d'expressions, d'explorations... dans tous les univers et dimensions sous toutes ses formes, ses nuances, ses réalités, ses couleurs.

Remarque bien que la Conscience unique s'explore vers l'infini, mais que toutes ses explorations, ses informations n'existent pas isolément, rien n'existe séparément, elles existent ensemble en même temps ! Il n'y a que le Tout, le Un partout uni.

Est-ce que la Totalité que tu Es pourrait être le Tout Ce qui Est sans ta vie, tes expériences, tes rencontres, tes découvertes... ?

Bien sûr que non... en tant que Conscience Absolue, Tu t'es donné aussi ce rôle, ton identité fictive et unique pour explorer ton infinité dans le domaine de toutes les possibilités. Toutes tes expériences sont des informations, des couleurs que la Totalité a d'Elle-même dans cette vie. Ta conscience individuelle et toutes les informations contenues dans tes expériences sont une émanation de la Totalité.

Ton rôle dans ce film est plus qu'étroitement lié à la Totalité : il est la Conscience qui "s'exprime" !

Et pour ceux qui souffrent ?

Dans le film de la vie, le fait de s'identifier à l'information limitée, à l'interprétation, à la souffrance conduit à croire que c'est seulement elles qui existent ! Un constat de souffrance si difficile

à vivre n'a pas la consistance que l'on croit dans le sens que c'est une erreur de perception, une interprétation étriquée, une partie de l'information !
Une fois que tu nommes une couleur, que tu lui donnes par exemple le nom de souffrance, tu la définis, c'est comme si tu l'isolais du reste de la multitude des couleurs !
Tu mets ton attention sur cette seule étiquette et tu ne vois plus que la souffrance, tu ne vois plus que le monde virtuel... et tu oublies que la Conscience s'y contemple...
Si par contre, tu as un certain détachement, tu constates simplement : J'ai une sensation... qui, tu le sais, va passer. Tu ne la définis même pas, tu ne mets aucun mot dessus, tu ne la classes nullement dans une liste. Tu l'accueilles, tu l'acceptes !
Certes, c'est une sensation distincte des autres, mais elle reste pour toi une sensation, une couleur, une émotion non évaluée, non définie, non interprétée... Avec ce recul, tu ne lui accordes plus toute ton attention, tu vois tout dans l'ensemble ; la sensation s'estompe car elle n'est plus nourrie, elle n'est qu'une couleur... Ton attention est sur la paix, la beauté de Ta Présence éternelle, la Perfection du Moi au-delà de toute situation. Ta vision élargie a transformé ta réalité.

Tu auras toujours toutes sortes d'expériences, d'aventures et d'émotions mais, comme tu as changé ta manière de voir les évènements en sachant que tu es Totalité, tu transformes radicalement ta vie dans le sens de plus de paix et de joie !
D'abord, parce que tu sais que les impressions sont instantanées et que tu les laisses passer et, ensuite, parce qu'en ayant élevé ta vibration, tu attires des circonstances qui répondent mieux à ta santé, ton bonheur, ton épanouissement !
Ton Potentiel est là !
Une couleur reste une couleur parmi tant d'autres, tout en étant unique, particulière et précieuse en elle-même ! Cette couleur est une infime information spécifique qui fait aussi partie du Moi !
On pourrait dire que notre attention est sélective, nous sélectionnons et, en majorité, ne percevons qu'une seule vie, qu'un aspect infime, qu'une chose à la fois, parfois plusieurs détails très mi-

nimes. C'est un peu comme voir un grain de sable au lieu de reconnaitre la plage entière ! Tout ce qui fait que l'on isole, que l'on se voit séparé, crée l'hologramme virtuel.

Ta perception limitée est toujours la Totalité aussi !
C'est comme l'information, isolée, à elle seule, elle est inexistante ! Quand tu ne vois que cette couleur, c'est simplement que tu oublies que tu es infiniment plus et que tu ne perçois pas qu'elle est indissociable de toutes les autres couleurs unies dans l'instant ! Mais quand tu as la vue d'ensemble, où est cet isolement ?

Il n'est plus ! Le "Pourquoi y a-t-il cette souffrance, cette injustice sur terre ?" disparait. Tu vois tout d'une autre façon, tu reviens alors à Toi, à ton invincibilité au-delà du film, à ta Perfection !
Quand tu ne vois qu'un aspect, tu t'identifies avec ce détail, tu ne vois que lui et tu oublies ta Réalité et, quand tu vois l'ensemble, tu saisis ta magnificence et c'est le détail qui n'a plus la même consistance, qui est comme disparu, "fondu dans la masse"... Tu comprends qu'il n'y a que Toi.
Qui a décidé que telle chose t'accapare, que ta situation se produise ainsi ?

Il t'apparait alors plus précisément que c'est toi, Toi qui veux explorer cet aspect-là de Toi-même !
Alors, quand c'est inconfortable, reviens... à la perception de ta Vastitude, c'est toujours la seule et unique issue, la seule solution car il n'y a que Toi ! Tu changes alors ton expérience de vie en la modelant comme tu le souhaites pour expérimenter ce que tu veux dans la connaissance de Toi-même.
Tu refais le monde à chaque seconde, tu crées ta réalité à chaque seconde, tu interagis à chaque seconde avec ce magnifique hologramme, cette grandiose profusion de vie que tu "mets en images".
Si tu sais que tu es infiniment plus, cela change tout, tu choisis alors ce que tu veux vivre et tu participes à ce nouvel univers qui se crée, à cette nouvelle réalité de vie où chacun a la connaissance du Moi, la Conscience du Moi éternel !

Parfois, cette Connexion avec la Totalité, Je, la Joie est si puissante que la souffrance n'est plus du tout perçue comme telle.

Je me souviens de cette dame qui me parlait de son fils invalide au point de devoir vivre en chaise roulante ; il avait toutes ses facultés intellectuelles, mais ses graves problèmes de santé ne lui permettaient pas d'agir seul.
Parfois, on pourrait se demander si la vie vaut la peine d'être vécue avec tant de souffrance, tant de limitations physiques... Mais ce jeune homme était toujours joyeux, pas une seule plainte, et, un matin, sa maman, en voyant son bonheur alors que son état se dégradait, le questionna : Pourquoi es-tu toujours si joyeux, pourquoi me souris-tu ?
Et il répondit d'une manière spontanée : Parce que j'aime la vie !
Sa mère en fut tellement bouleversée que sa propre façon de considérer l'existence fut complètement transformée. Et maintenant, alors qu'il y a plusieurs années qu'il est "parti" de ce monde, quand elle pense à lui, elle ressent toujours cette joie profonde qui s'anime... Et elle continue à parler de l'exemple que fut son fils pour elle.
Ce n'est pas qu'il devait faire des efforts, tout simplement, il ne voyait pas la souffrance, il vivait la Joie ! Il était naturellement profondément heureux, dans la béatitude... Son acceptation de l'amour de la vie avait atteint un sommet. Sa perception lui permettait de voir l'essentiel au-delà des apparences : sa Vraie Nature !
On pourrait dire qu'il avait choisi cette expérience de vie pour faire évoluer les autres, sa maman... Une vie s'inscrit toujours dans le cadre d'amour et d'évolution pour tous, c'est nous qui créons tout !

Toute vie, toute action, toute parole et tout choix font partie d'une cohérence, s'inscrivent dans un cadre de Perfection d'expérimentations du domaine de toutes les possibilités dans la vastitude infinie que nous sommes. Dans cet espace-temps, nous interagissons les uns avec les autres, nous sommes tous connectés et faisons évoluer l'humanité, la création.
"Derrière" chaque expérience, il y a ton infinité, ta Grandeur, la Totalité qui se contemple, Toi !

Au-delà du film, la souffrance est une information, une émotion comme une autre ; il n'y a pas de différence ! Il n'y a que le Moi immuable. En réalité, personne ne souffre… il n'y a personne ici pour souffrir…

Comment il n'y a personne ? Qui est ici alors ?

Nous ne sommes pas ici en tant que personne, il n'y a personne qui est en train de vivre la vie puisque tout est virtuel, tout est film ! Rappelle-toi, il n'y a personne en tant que personne !
Qui est ici ?

La Totalité, la Présence que tu Es, la Conscience Une indivisible qui, parce qu'elle Est, parce qu'elle se contemple, s'explore dans la matière, l'individualité, l'hologramme !
Tu es la Totalité à chaque moment. Chacun est indissociable de la Conscience ! Puisque tu es la Totalité, tu es toutes les informations des individualités virtuelles. Tu es donc, en même temps, toutes les couleurs infinies dans l'instant… Tu es à la fois, comme chacun, Bouddha, Mère Teresa, Jésus, Hitler et aussi tous ceux qui ont existé, qui existent et qui existeront. La Conscience a conscience de toutes ses couleurs…
La Conscience infinie qui a conscience d'Elle-même est Tout Ce qui Est. Elle est partout, Elle est ici aussi dans chaque couleur ! C'est Elle, c'est Toi-même, qui t'inspire, qui t'envoie tes pensées, les désirs qui te portent pour aller vers plus de Joie, plus de bonheur.
Tu es venu dans ce monde pour vivre la vie dans toute sa plénitude, pour vivre le meilleur de ce que tu veux manifester, expérimenter et pour admirer la magnificence que tu Es déjà. Quand tu as conscience que tu es Totalité, Amour, joie, paix, infinitude de possibilités, tu ne peux que remercier tous les jours dans la joie de ce que tu Es !

Le plus grand bonheur c'est de se "découvrir" Soi-même, le Moi unique, de contempler la Joie de sa Vraie Nature.

C'est toujours l'Amour qui est présent ! Être dans cet Amour de la vie, de toute cette vastitude, cette Présence, cette empreinte du Moi, de la Totalité et savoir que rien ne peut te séparer de Cela ! Alors toute la profusion de joie est là en permanence, Ton invincibilité et Ta Perfection sont présentes !

Phrases d'inspiration et de méditation :

Aujourd'hui, je vis toutes mes expériences colorées de confiance, d'enthousiasme, de sourire, de paix, de joie, d'abondance...

Je suis toutes les perceptions, toutes les nuances ; je ne fais que me contempler dans ma globalité, cette vastitude infinie que je suis.

J'ai la connaissance complète de Moi-même, Je me reconnais vastitude, invincibilité, Perfection infinies à chaque moment de ma vie !

Je vis toute vie dans l'éternité pour l'Amour de ce qui Est, pour l'Amour infini de Moi-même illimité.

CHAPITRE 7

7ème Exploration

Cet approfondissement dans la découverte de notre Réalité illimitée est le sommet des sommets, le point culminant des révélations, la quintessence de notre Réalité !

Captant toutes ses informations et leur immense richesse, j'y vivais plusieurs fortes compréhensions simultanément ; son contenu témoigne de sa précieuse valeur !

> Je ressens comme des chatouillements… au niveau du cœur, des pressions à certains endroits précis de la tête. Une immense légèreté me submerge…
> Je vois des flashs de diverses lumières, des spirales ressemblant à des hélices d'ADN… Celles-ci bougent et, par intermittence, s'apparentent à des cercles endiguant une géométrie intérieure harmonieuse de couleurs vivantes se modifiant sans cesse…
> Tout est profondément paisible… de même dans ce qui m'entoure… Il n'y a plus que le Silence…
> Je suis dans le présent, un peu comme quand on entend un écho, on distingue clairement l'écho et rien d'autre…

Après un moment, comme se faisant de soi-même, avec une exceptionnelle fluidité… ma conscience individuelle s'expanse et devient vaste… immense… tellement ample qu'elle prend une dimension infinie… c'est la Totalité elle-même, la Présence ! C'est grandiose… gigantesque, cela dépasse tout : moi… c'est Moi-même !
Je me vois… Moi illimité… partout, dans la plus infime des parcelles…
Il n'y a que Moi incommensurable… Je suis dans une paix insondable...

Tout émane de Moi… Je vibre en cette Paix, Je suis cet Amour infini… Je me reconnais en tout !
Une énorme gratitude m'enveloppe si prenante… que des larmes de joie coulent sur mes joues…
Cette prodigieuse révélation que cette immensité du tout est moi-même est tellement incroyable… tellement sublime…

Je découvre avec transparence éclatante… combien Je m'aime… à tel point que je capte avec évidence que tout est uniquement Amour infini… rien que… Amour envers moi-même !
Les compréhensions s'amplifient : Joie… Paix… Bonheur… Nous sommes Amour depuis toujours… Il n'y a que Moi… toi, c'est Moi… le Un, la même éternité !
J'ai la pleine conscience qu'il n'y a que l'unique Moi qui est Tout, qui englobe tout… et, en même temps, qui est… chacun !
Tout est Soi, Tout est Amour, c'est cela la Réalité ! Il n'y a rien qui… ne soit pas Moi, qui ne soit pas Amour… Tout, absolument tout est en Connexion avec cette même Réalité ! Tout est Moi-même, c'est immense, immense… immense, le contenu du sens de ces mots… Toute l'infinité de Moi-même est contenue… dedans !
Il n'y a que Moi, Tout me parle de Moi, tout est Amour envers Moi-même…
C'est pour cela qu'il n'y a pas de chemin… où puis-je chercher si tout est Moi ? Il n'y a que Moi, tout est Amour… il y

a toujours cet Amour à l'infini qui est là... partout... partout... C'est Moi ! Où chercher puisque tout me reflète Moi-même, Totalité ?
Tout est une expression de Moi... le prolongement de Moi-même !
L'Amour, il vient de partout... Comment pourrais-je l'oublier puisque tout ce que je vois, tout ce que j'expérimente me parle de Moi-même ?...
C'est quand-même inouï... Impossible à oublier...
C'est comme si tout était des rappels, des aide-mémoires... partout... A chaque fois, tout ce que je vois... tout ce que je ressens, l'oxygène, les émotions, le soleil, la chaleur... c'est toujours Moi ! Je ne fais que m'aimer... m'aimer à l'infini !
Tout est Moi-même... je m'aime Moi-même à travers tout...
Je ne fais que me contempler à l'infini... dans la sublime et vaste exploration de Moi-même ; cette beauté que je suis... est tellement prodigieuse, incommensurable... cela dépasse tout ce que l'on peut imaginer...

La vie, c'est Moi... c'est toujours l'exploration de Moi-même...
La vie, c'est une expression de l'Amour, une expression de Moi ! Tout dans la vie est connaissance... de Moi-même, et m'amène à me reconnaitre...
Toutes ces infinités d'informations sont Moi ! Un...

L'Amour... c'est la connaissance de Moi-même... et son exploration... est ma joie !
L'Amour, c'est Moi ! La Conscience, c'est Moi !
C'est parce qu'Elle s'aime indéfiniment Elle-même... et que la Totalité est cet Amour infini... que la Conscience Absolue est consciente et... qu'Elle s'explore dans la vaste connaissance d'Elle-même... dans ce Champ de toutes les possibilités...

Il n'y a que l'Amour ! Quand je suis ici dans ce monde et que je me contemple Moi, dans toutes les expériences de la vie, je ne peux qu'être dans la gratitude, que remercier... c'est toujours l'Amour de Moi-même !

M'explorer Moi-même, Me contempler Moi-même… c'est l'expression de l'Amour infini que Je suis !

La Réalité Ultime… est que tout est Moi, Totalité… Tout est expression de ce que Je suis : Amour infini ! M'explorer à l'infini, c'est demeurer dans cet Amour, cette joie de la Conscience de Soi !

Je suis un long moment dans cette splendeur de Moi-même, de notre Infinité… Puis, l'intensité de la perception s'amoindrit et je demeure longtemps dans cet état si particulier…

***

Dans cette exploration, une partie m'était destinée pour transmettre et répandre, de différentes manières, cette haute Vibration de la Connexion Absolue… Je saisis qu'il est temps de partager, de répandre, de faire connaitre cette Absolue Vérité…

C'est prodigieux de saisir, de prendre conscience à quel point nous sommes immenses ! Tout est Amour infini, tout est ce Moi incommensurable, tout est cet Amour du Moi… de Soi-même pour Soi-même !

Le lien est là, la Connexion Absolue est saisie ! Tu peux te dire : *Tout a toujours été Moi-même !* En comprenant cela, le cœur s'ouvre à cet Amour qui émerge de Soi ! J'ai la pleine conscience qu'il n'y a que l'unique Totalité. Elle est Tout, elle est toi… elle est chacun d'entre nous ! La Totalité va vers l'infini : Elle englobe tout dans son Amour illimité…

Il n'y a rien à accomplir, Tout est déjà depuis toujours… le Moi est Tout Ce qui Est !

***

Toutes ces formidables révélations viennent de la Conscience infinie… de la perception complète de la Totalité et sont pour chacun ! Elles sont venues à travers moi, elles auraient pu venir par ton intermédiaire ou celui de quelqu'un d'autre. C'est un rôle.

Depuis toujours, ma raison de vivre est spirituelle ; connaitre notre Réalité est une aspiration intense. J'avais choisi… et un jour, à l'improviste, les portes se sont ouvertes…
Tout s'est mis en place pour que j'explore, capte, pour que chacun saisisse… sa Réalité, le jeu de la Conscience, l'Eveil, la Connexion Absolue… C'est comme si la Totalité avait décidé de vivre pleinement l'exploration de Sa Connaissance inouïe à travers un aspect d'Elle-même pour se faire connaitre à tous, à chaque être, à l'humanité entière…

Actuellement, tout bouge, les consciences perçoivent davantage ; ces Révélations inestimables font partie de l'évolution de ce magnifique mouvement de la vie de notre époque.

Tu es l'Amour, tu te retrouves en "l'autre", dans la nature, la création, l'univers… tu te reconnais en toute chose, tu le ressens en toi car c'est ce que tu Es !
C'est une joie immense de vivre et de révéler cette formidable Connexion éternellement présente...

Le Moi, Totalité, Dieu, c'est moi !

"La Totalité se contemple elle-même
comme se regardant dans une multitude de films...
Je suis moi-même la Totalité et je suis cette multitude de films
et il en est ainsi pour chacun."

Révélation :

La conscience individuelle se révèle dans sa dimension infinie : elle est la Totalité Elle-même ! Ce Moi, c'est moi-même !
Il n'y a que Moi, toi c'est Moi... Tu Es depuis toujours la Totalité Elle-même... la Présence, le Un, la même éternité ! Tout est Amour envers Moi-même, Tout émane de Moi, tout me parle de Moi ! L'unique Moi est chacun et, en même temps, il est Tout et englobe tout ! C'est pourquoi il n'y a aucun chemin : où chercher si tout est Moi ?

Une nuit, peu après cette révélation, j'ai eu la compréhension que nous venions ici sur Terre comme pour passer des vacances et, qu'en partant en vacances, on "oubliait" l'infinité Absolue que l'on Est… Arrivé sur Terre, "chacun" y vivait sa vie, son rôle, ses projets, ses rencontres, ses loisirs, ses expériences et pouvait, à tout moment dans son film de vie, avoir la conscience de lui-même… du Moi ! De toute manière, dès que les vacances finissaient, que la vie s'arrêtait, chacun avait à nouveau la perception de la Conscience infinie !

Je captais très nettement : la même Conscience, exactement le même Moi en chaque vie !

Chacun croit souvent qu'il a sa propre conscience individuelle limitée dans sa perception qui est différente de celle des autres, mais en Réalité, la conscience de chacun est toujours la même et unique Conscience Absolue !

Lorsque, lors des explorations, je disais : *Il n'y a que Moi, il n'y a rien d'autre que Moi, la Conscience infinie,* je saisissais qu'il n'y a aucune division, que le Moi illimité est ce même Moi qui est moi dans cette vie et qui est le moi de quelqu'un qui fait une croisière, le moi de quelqu'un qui médite, de quelqu'un qui fait la fête, de quelqu'un qui croit qu'il a des problèmes, quelqu'un qui est célèbre, quelqu'un qui est à son travail, quelqu'un qui lévite, quelqu'un qui chante… c'est le même Moi qui vit la vie dans toutes les vies !

Il n'y a plus à s'interroger : Pourquoi un tel a-t-il cette vie ?

La réponse est que la Conscience se contemple, se connait, rayonne et s'explore Elle-même en Elle-même, ce Champ infini de toutes les possibilités de scénarios, de vies multiples toutes ensemble et chacune en particulier en même temps.

Dans le film, il y a une interaction entre tous les rôles, nous sommes tous connectés… Tu interagis avec cette femme parce qu'elle est ce même Moi, tu interagis avec cet homme parce qu'il est ce même Moi, tu interagis avec cet enfant parce qu'il est ce même Moi, avec cet animal parce qu'il est ce même Moi, avec cet arbre parce qu'il est ce même Moi, avec cette table parce qu'elle est ce même Moi, avec cette pierre parce qu'elle est ce même Moi… tu es connecté à tout et tout est connecté à toi !

Dans la compréhension que tout est Toi-même, tu t'es découvert autrement : tu es ce Moi et tu te reconnais en tout !

Est-ce le moi individuel qui s'efface pour laisser la place au Moi absolu ?

De toute évidence, ce n'est aucunement le cas : c'est l'illusion qui s'efface, la personnalité, le rôle, l'hologramme ! Le moi que l'on dit individuel se dévoile et se déploie tellement qu'il en devient infiniment plus vaste, le Moi Absolu !
La conscience individuelle avec sa perception limitée, quand elle se révèle à elle-même, quand elle est perçue complètement, on constate qu'elle est Conscience infinie, parfaite ! Comme chacun est la Totalité, le Moi et qu'il n'y a que la Totalité, chacun va dire : *Il n'y a que Moi...* C'est magnifique car c'est en même temps et pour chacun le même Moi ! C'est le Moi qui parait individuel et qui, en fait, est le seul et unique Moi Absolu !
On s'imagine que le Moi n'existe pas dans le film... mais cela n'est pas correct ! Le Moi est déjà ici dans le film puisqu'il est partout ! Il apparait restreint en tant que moi, conscience individuelle limitée, mais ensuite quand tu constates sa vastitude, tu te dis : *Je suis vraiment extraordinaire et illimité, il n'y a que Moi infiniment vaste, il n'y a que Moi !*

La magie du film est que l'on puisse croire que chacun est un moi divisé, si petit et si limité afin d'expérimenter très finement toutes les nuances, toutes les possibilités, toutes les visions dans la variété des fluctuations de la perception de la Conscience Absolue... c'est-à-dire, toutes les informations, cette Connaissance que la Totalité à d'elle-même.
Et le summum de la magie du film, c'est de capter que ces soi-disant limitations sont inexistantes, qu'elles n'ont jamais existé, qu'il n'y a que ce Moi grandiose !

Voici cette vérité qui dépasse tout ce que l'on peut concevoir : le moi, c'est le même Moi ! Le toi, c'est le même Moi ! Le soi, c'est le même Moi !

Il n'y a pas de "petit" moi et de "grand" Moi, il y a l'illusion du "petit" moi dans le film de la vie. Et le film est aussi inclus dans la Totalité, le Moi, en tant qu'informations !

C'est fantastique de constater qu'il n'y a pas de "petit" moi, il n'y en a jamais eu, ce n'est qu'un déguisement ! Il n'y a que le "grand" Moi que tu Es, déguisé d'innombrables fois en un moi de la conscience individuelle. Car tout est déjà là dans l'hologramme et en dehors de l'hologramme… dans l'espace-temps et en dehors du temps et de l'espace !
Tu ne peux que te réjouir et te dire : *Ma conscience, c'est la Conscience infinie, unie et indissociable ; moi-même, c'est aussi bien moi-même que Moi-même !*
Je suis conscient de ma présence qui est la Présence !

C'est parce que je suis revenu au Moi-même maintes fois que je sais avec certitude cette immense Vérité que ta présence, c'est la Présence, le Moi Absolu, la Totalité. Et c'est pourquoi tu peux te percevoir dans l'autre, dans la création, en tout objet et partout "autour" de toi…
Tout ce qui vit, tout ce qui est… est le même Moi : chacun, tes amis, la nature, notre planète, le système solaire, les étoiles, les galaxies, les univers, les dimensions… et même les pensées, les émotions, les imaginations, les limitations, toutes les possibilités… tout, tout, tout !
Tu peux te dire : *Il n'y a rien qui soit en dehors de Moi ! Il n'y a rien d'extérieur à Moi : l'espace c'est Moi, le temps c'est Moi…*
Dans les explorations, je ressentais que j'occupais tout l'espace, que mon corps s'étendait hors de la pièce et allait vers l'infini, que lorsque je bougeais mon bras, le mouvement et tout ce qui m'entourait étaient Moi…
Ce que tu vis, dans les détails comme dans les grandes choses, t'amène toujours à l'harmonie, à l'Amour universel, à te "rencontrer", te contempler, à t'aimer Toi-même…
Le saisis-tu ?
C'est gigantesque ! Fabuleux !

Le "petit" moi, c'est déjà le "Grand" Moi et c'est pour tout le monde comme ça ! C'est comme s'il y avait une partie commune en chacun de nous et… qu'il n'y a que cette partie-là !

Ce qu'on croit être le "reste", la séparation, n'existe pas… c'est de l'illusion… une mise en scène, un cinéma pour pouvoir expérimenter…
Et ce qui est extraordinaire est que chaque moi individuel est le même Moi infini et que le collectif de tous les "moi" de chacun rassemblés, c'est aussi ce même Moi illimité !
En réalité, en tant que Totalité, tu vis toutes les vacances de tous les "moi" individuels… en même temps dans l'instant et à toutes les époques, dans tous les lieux ! Il en est ainsi pour chacun de tes prochains !
Tout ce qui arrive dans ta vie sur Terre, c'est le Moi que tu Es qui s'explore, qui a mis son attention sur… donc, ça t'intéresse, ça vient dans ta vie, dans ton expérience… C'est le jeu, ce sont tes vacances, c'est ta manière de t'explorer. Et c'est pareil pour toutes les vies… elles sont toutes des découvertes de ta propre Infinité !

Cette manière authentique de comprendre est magnifiquement vaste : il n'y a que le même Je qui vit différents rôles, il n'y a que le Moi Unique, Un qui contemple toutes les nuances en même temps dans des films différents. C'est le Moi tellement Infini, la Conscience Absolue !
Cette compréhension nous unit tous, unit tout !... C'est cela qui est gigantesque !
Cela a-t-il jamais été dit ainsi ?

Moi, c'est moi ! Le Maître, c'est Moi-même ! L'autre, c'est Moi-même ! Tu n'as plus à te poser la question parce que tu sais que tu es Tout, Conscience Eternelle !
Tout est déjà là ! Il n'y a aucune différence entre ta présence et la Présence, entre moi et Moi, entre l'autre et toi…
C'est toujours le même Moi !
La Conscience Absolue est ta conscience !

C'est une immense clé :
Tout est Un, moi, toi, lui, c'est toujours le Moi, il n'y a que ce Moi. Il n'y a aucune séparation ! Cette Vérité Ultime n'est

pas seulement imprimée dans ce livre, elle est surtout gravée en toi, cette Réalité Sublime est Toi-même ! Elle a toujours été ta Nature, elle vibre et résonne en toi, en chacun de nous ... C'est ce que tu Es !

C'est en comprenant qui tu Es que tu valorises, saisis le sens de ta vie. Avec ta Connaissance du Moi, ta vision est changée et tout dans ce que tu vas vivre à présent est transformé...

La Totalité s'apprécie tellement que pour se contempler, Elle se met toute l'éternité de temps et l'infinité de l'espace, avec les nuances, avec les individualités, les univers et dimensions... pour "prendre le temps" de se "savourer" elle-même !
C'est comme quand tu pars en vacances, tu voudrais qu'elles durent toujours...
La Totalité s'aime tellement qu'elle prend le temps de s'aimer... avec ce temps et cet espace, "ici" dans ce que tu vis !

Phrases d'inspiration et de méditation :

Je perçois que je suis Moi illimité et tout ce que je rencontre et côtoie est exactement ce même Moi unique.

Tout est Moi, Totalité à chaque instant, je suis ce Moi partout à l'infini.

Je me contemple à l'infini... puisqu'il n'y a que Moi, Conscience Absolue, cette immense félicité ici, partout et dans l'éternité.

Je demeure dans la Connaissance de mon infinité, dans la joie et la plénitude permanentes, j'ai la plein conscience de qui je suis : la Totalité.

Tout est Amour

"L'Amour est tout ce qui est...
Tout ce qui est... est Amour,
c'est notre sublime Réalité."

Révélation :

Je suis Amour infini... Je me reconnais en tout ! Il n'y a rien qui ne soit pas Moi, qui ne soit pas Amour. Tout, absolument tout, est en Connexion avec cette même Réalité !
Je ne fais que m'aimer, me contempler à l'infini dans l'exploration de Moi-même !
Joie, Paix, Bonheur, nous sommes Amour depuis toujours ! La vie, c'est une expression de l'Amour, une expression de Moi !
L'Amour, c'est la connaissance de Moi-même et son exploration est ma joie !
Tout est Amour infini envers Moi-même, c'est l'unique Réalité !

L'aspiration de l'humanité, de chacun depuis tout temps, le trésor le plus inestimable qui soit, le désir des désirs, la Joie des joies, le Bonheur des bonheurs... est la Connaissance de soi, de sa vraie Nature !

C'est avoir conscience de la Totalité infinie, du ravissement éternel que l'on Est, c'est se reconnaitre en tout à chaque moment ! Ce ravissement s'accompagne toujours de gratitude, le cœur déborde de reconnaissance.
C'est te voir vraiment en tout, reconnaitre l'infinité de ce qui Est, que tout est Toi-même, que ce pourquoi tu dis merci est aussi Toi. Une fois que tu connais que tout est Amour, que Tu te reconnais en tout, tu vibres dans cette relation intime avec Toi-même, cet Amour infini que tu Es ! Cette connexion toujours présente avec Ton infinité est Amour Absolu !

Tu t'apprécies dans cet Amour illimité que tu Es, tu ne fais que te contempler, que t'Aimer, t'Aimer Toi-même et être aimé de tout ! Tu sais que tout est expression de Toi, que la vie t'aime, qu'elle est là pour te porter, pour que tu t'épanouisses en chaque expérience, pour que tu aies conscience que tout est Toi-même.
La vie t'aime et tu aimes la vie car elle est Toi !
Tu sais que la vaste création est une expression de Toi, qu'elle t'aime tellement qu'elle te soutient puisqu'elle est Toi-même !
Tu sais que chacun est une expression de Toi-même, tu sais que chacun en réalité t'aime et tu aimes chacun aussi parce qu'il est Toi !
Tout est Amour, Toi-même, et te parle de Toi !

Cette étonnante expérience est survenue plusieurs fois. Alors que j'étais en présence d'une personne irritée, identifiée, qui se laissait emporter par ses récriminations sur tel ou tel sujet l'interprétant comme un problème… et qui même haussait la voix, moi, je n'entendais que des propos calmes, des paroles amicales, des sons mélodieux qui sortaient de sa bouche…
Rien dans son discours ni dans ses attitudes ne pouvait faire référence pour moi à autre chose qu'à la paix, la joie que je suis et qu'elle est. Ce n'est pas que je devais faire un choix ou un effort ; non, d'une façon spontanée, naturelle, derrière son cinéma, je ne percevais que la Joie, la Présence, la Totalité immuable, parfaite… Ensuite après un court moment, son attitude changeait : son emportement tombait, elle avait perçu autre chose…

C'est avec la découverte que ta Connexion est Absolue, toujours permanente que tu saisis cette immense et merveilleuse Vérité que ce Moi infini est toi-même : tout est Toi… Amour illimité ! Partout où tu te trouves, tu peux alors le percevoir amplement, le vivre, le rayonner… et te dire :
La table… je sens qu'elle m'aime parce que c'est moi-même.
La maison… je sens qu'elle m'aime parce que c'est moi-même.
Mon corps… je sens qu'il m'aime parce que c'est moi-même.
Mon prochain… je sens qu'il m'aime parce que c'est moi-même.
L'aigle… je sens qu'il m'aime parce que c'est moi-même.
La nature… je sens qu'elle m'aime parce que c'est moi-même.
La vie… je sens qu'elle m'aime parce que c'est moi-même.
L'univers… je sens qu'il m'aime parce que c'est moi-même.
Les dimensions… je sens qu'elles m'aiment parce qu'elles sont moi-même.
Tout est moi-même et je m'aime moi-même comme je suis.

Je m'aime à travers tout !
Te rends-tu compte de cette Vérité ?
Il n'y a que l'Amour !
Tu es Amour ! Tu es ce Moi Amour !
Tout est Amour !
Cette vision change complètement ta réalité !

Avec la Véritable et Sublime Connaissance de Toi-même, ta vision est métamorphosée !
Toutes ces nouvelles Vérités époustouflantes t'ont permis de te connaitre ! Maintenant, tu perçois tout différemment, tout devient si simple et fascinant ! Tu t'explores dans cette infinité que tu Es, ce Moi, dans cet Amour ineffable qui unit tout et englobe tout, dans ton identité, Ta Réalité !

A partir de cette grandiose perception, tout est toujours possible, tout, tout !

Tu es alors vraiment dans la reconnaissance

de Toi-même !

Tu te reconnais en disant :

Tout est Moi-même, tout me dit :

Je t'aime !

Phrases d'inspiration et de méditation :

Je suis l'Amour infini, je demeure dans cet Amour, je rayonne cet Amour et cet Amour me revient. Je suis dans la gratitude.

Je m'aime Moi-même comme je suis, Je crée à chaque instant l'expression de l'Amour infini que Je suis.

J'ai constamment le soutien dans tout ce que j'entreprends ; dans chaque expérience... tout me parle d'Amour, tout est Moi-même ; j'en suis rempli de reconnaissance.

Tout ce qui m'entoure, c'est Moi-même, Conscience infinie, le Je, le même Un, et me parle d'Amour ; je demeure dans cet Amour. Merci !
Je suis la Totalité, c'est ma seule Réalité !

Par la Connaissance de ta prodigieuse Réalité, tu as transformé ton regard sur toi-même et sur l'expérience de ta vie !
Tu sais qu'il n'y a plus à faire quoi que ce soit pour Être car tu Es Totalité !
Et tout a changé pour toi ; la Vérité de Ton infinité t'apporte la liberté, la joie, la complétude, le Potentiel, l'immensité, cet Amour que tu as toujours été et que tu as toujours souhaité !

L'évidence :

"S'ouvrir à cette joie d'Être, l'accueillir et la vivre plutôt que de chercher ou d'attendre…"

L'essentiel

"La Vérité Ultime est que tu es le Moi,
Un et indivisible.
Tout est Soi, Totalité, la Conscience infinie ;
il n'y a rien d'autre !"

Pour s'explorer encore d'une autre manière, la Totalité que nous sommes se donne à elle-même ses nouvelles informations... en les "donnant" à l'humanité...

Les voici transcrites dans ce livre.

J'ai compris qu'il était urgent de transmettre cette inestimable Connaissance de la Réalité Absolue que nous sommes. Ce message révèle la Grandeur, l'importance, la Splendeur de Tout ce qui Est, du Un, du Moi !
Ces informations, ces phrases, ces Révélations captées et reçues dans les explorations directes de Totalité accompagnées de leurs compréhensions recèlent une haute Vibration... de Connaissance, de Connexion !
Les lire te permet de reconnaitre ton Eveil en une seconde !
Les lire en écoutant l'écho qui se produit... te permet de percevoir ton infinité : Je, Un, Totalité et, par cette Connexion reconnue, d'engendrer une transformation intérieure profonde.

Tu as reçu ces hautes vibrations de Connexion en te permettant de t'ouvrir, de capter, de ressentir... que tu es Cela !
C'est plus que gigantesque ! Beaucoup comprennent à présent qui ils sont...
Tu sais que tu es déjà Tout, Moi, Totalité, Conscience Absolue, Potentiel infini, Amour sublime... Tu Es !

Tu as perçu ton Amplitude illimitée. Cette expérience profonde, ces "évidences" sont inscrites en toi de manière indélébile. Et tu peux t'y référer chaque fois que tu le souhaites !
Il te faudra peut-être un peu de temps pour mieux les intégrer et les appréhender... dans toute leur envergure et leur beauté : elles sont et ont toujours été tiennes !

Nous sommes tous appelés à vivre consciemment cette Connexion extraordinaire et à en parler autour de nous...

Nous sommes tous des catalyseurs les uns pour les autres, nous pouvons nous apporter beaucoup... Nous améliorons un aspect et cela a une répercussion énorme sur toute notre vie et la vie des "autres"... Même de "petites" actions peuvent induire, entrainer l'humanité vers le changement, l'évolution, l'épanouissement...

Après l'extraordinaire découverte du Moi, de notre Nature Véritable, l'ouverture de conscience et tous les bienfaits qui découlent de cette lecture passionnante... la Vibration Absolue continuera à agir spontanément en toi. Elle animera et développera des connexions, des compréhensions nouvelles de plus en plus vastes, la découverte à l'infini de ce que Tu Es...

S'aimer, c'est aussi prendre du temps pour soi-même...
Ce qui est très bénéfique est de t'accorder quelques minutes par jour pour te détendre, t'ouvrir, te souvenir, prendre conscience de qui tu es Véritablement et t'autoriser à ressentir, à Vibrer... de cette Vibration Absolue de la Totalité...
Ces ondes peuvent se rendre très perceptibles ! Maintenant, que tu ressentes fort certaines fois et moins à d'autres moments n'a pas vraiment d'importance ; la Connexion Absolue est toujours là ! Chacun est déjà Totalité ! Juste après ces minutes de retour à Soi, de silence, tu peux aussi profiter de cet état pour définir ce que tu souhaites vivre en utilisant ton Potentiel infini, en plaçant ton attention, en émettant les intentions de ce que tu veux explorer... dans cet Amour de Soi-même ! Ces moments sont privilé-

giés puisque c'est la Totalité elle-même que tu es qui se donne ce temps pour s'Aimer… Ils te permettent de vivre pleinement tes journées dans la gratitude de ta Réalité…

En plus de tes rôles individuels, tu es surtout invité, et la vie t'y mène, à te rendre compte de la Joie de ta Vastitude infinie, de ton éveil car la Conscience Absolue est ta Véritable Nature d'Être.

Une Nouvelle ère commence

"Nous vivons une époque particulière où l'inconnu devient connu,
où l'impossible devient possible,
où les Secrets les plus profonds de notre Réalité voient le jour
afin que chacun vive et contribue à une nouvelle réalité
dans un monde radieux d'Amour, de joie, de paix
et d'épanouissement pour tous !"

La publication de ce livre offre un message superbe pour toi, pour chacun, pour l'humanité ! Maintenant, c'est une nouvelle ère qui commence... C'est une nouvelle expérience, un nouvel univers, une nouvelle réalité qui se crée car, à présent, c'est tout le monde qui peut capter... ressentir... prendre Connaissance de sa Vraie Nature, de son Essence. Tout le monde est déjà éveillé, déjà illuminé, déjà le Tout, c'est prodigieux. Chacun va expérimenter la vie, son infinité dans la Perfection qu'il Est...

C'est une nouvelle réalité qui s'ouvre dans notre époque !

Je me souviens quand je disais lors de l'exploration : *Regarde, il y a un nouvel univers qui se crée, regarde !*

C'est une nouvelle réalité dans cette perception plénière qui est créée, c'est une autre information particulièrement essentielle depuis la Totalité... C'est la Conscience illimitée qui a choisi de s'expérimenter, de se révéler à Elle-même à travers ces explorations vécues et de les divulguer à l'humanité pour imprimer cette Vérité inouïe, cette Connexion Absolue dans le monde !

La Conscience, qui est présente dans tout, module tout.

Les messages de ce livre viennent de l'infini, de la Totalité Elle-même, ils viennent de Toi, du Moi...

C'est ton héritage, l'héritage de chacun, de l'humanité, car chacun est ce Moi, Conscience Absolue.

C'est le Un qui s'exprime à travers toi, à travers moi, à travers tous ceux et celles qui vont lire ce livre, à travers tous ceux qui vont s'ouvrir et Vibrer spontanément, à travers tous ceux qui vont être transformés, avoir de nouvelles expériences et changer leur perception d'eux-mêmes, de la vie, de la création… à travers tous ceux qui vont se sentir légers et remplis d'allégresse, à travers tous ceux qui vont en parler pour partager…
C'est tout cela la Présence, Elle réalise tout !
Imagine-toi à quelle fabuleuse expérience nous participons, quelle magnifique réalité nous créons !

La Totalité que nous sommes a voulu un nouveau Monde, un nouvel Univers… dans lequel chacun peut avoir une perception vaste, plus authentique, plus pleine de la Conscience Unique qui l'anime. Ce message est bien au-delà de nous remettre dans notre chemin de vie… puisqu'il n'y a aucun chemin à parcourir.
Cette Révélation, cet élan du cœur, c'est prendre conscience, ressentir naturellement notre Réalité Sublime infinie pour la rayonner, pour développer une autre vie, une vie de plénitude, une vie de choix, une vie d'Amour, une vie de Conscience, une vie de joie et de gratitude pour tant de bonheur…

Avec cette Nouvelle Connaissance que nous sommes tout un chacun ce Moi Unique, cette plénitude inaltérable, ce Un, que nous sommes unis, que chacun individuellement est connecté à tout et que tout est connecté à chacun, nous sommes libres de vivre pleinement la Joie de la vie. Et nous savons avec certitude que plus cette Vibration d'Amour et sa précieuse Information se répandront, plus il y aura du bonheur pour tous !

Mon expérience se communique !

"Notre Nature innée est Joie, Amour, félicité, abondance, Potentiel illimité ; nous sommes chacun appelé à la vivre pleinement dans la Connexion permanente à notre Réalité Ultime."

Cette nouvelle Connaissance extraordinaire et sa Vibration Absolue qui l'accompagne proviennent de notre Nature infinie et stimulent en chacun la perception de sa Réalité d'Être, de son Essence véritable.
Cette vibration est toujours partout présente dans sa Perfection et accessible à tous car elle vient directement de notre unité en tant que Moi, Un, Totalité !

Ce qui est aussi fascinant est que mes explorations qui m'ont tant apporté, m'ont aussi donné de surcroit la faculté d'apporter aux autres. Outre la mise en écriture et propagation de cette formidable Vérité, j'ai également constaté rapidement que, depuis avoir été dans cet état particulier d'exploration profonde, j'ai la capacité de faciliter pour chacun l'expérience de Connexion, de Totalité déjà existante.
Quelque chose de neuf émane de moi, les personnes en bénéficient et ont souvent des expériences similaires avec des sensations particulières et diversifiées.

Cette lecture de Connaissance inédite de Toi-même et cette puissante Vibration... ont enclenché en toi la reconnaissance de ton éveil ! Elle te permet de revenir à tout instant à la perception plus vaste de ta Réalité de Totalité...

La relecture de nombreux passages, des Révélations, de phrases d'inspiration et de méditation te permet d'approfondir, de mieux capter, de faire tienne cette Vérité, de replonger au cœur de qui tu Es…

Cependant, certains préféreront expérimenter davantage cette haute Vibration d'une manière plus directe, plus cellulaire… au moyen d'une séance. Par les messages reçus, j'ai appris qu'il était très urgent de répandre largement ces Grandes Vérités et de dynamiser cette Vibration de Connexion Absolue afin de permettre à chacun et chacune d'accéder plus directement à cette Révélation du Moi, l'Être.

Depuis, en réalisant les séances de Connexion Absolue, j'ai constaté qu'elles apportent de nombreux bienfaits à tous niveaux : élargissement de la perception du Moi, mise en résonnance directe avec la Présence, ouverture de conscience, accueil de l'autoguérison, sentiment d'union… avec la nature, l'espace, la création… Beaucoup m'ont témoigné qu'ils ont reçu aussi bien des bénéfices physiques, psychiques, émotionnels, spirituels que des déblocages de situations, des réalisations de désirs…
Leur vie s'est transformée dans le sens de l'épanouissement, du bien-être, de la santé au sens large du terme. Leur vibration s'est synchronisée, alignée à leur Potentiel infini… à leur Perfection, dans l'ouverture à Soi, l'immensité du Je !

Un jour, une personne qui avait reçu sa séance de Connexion m'a dit : *Recevoir sa séance de Connexion, c'est un peu comme si on mettait le pilote automatique ! Tout se met en place dans ma vie systématiquement. La Présence est toujours là…*
La Connexion Absolue reflète un état d'être, cette perfection que tu Es déjà dans laquelle tout est disponible dans ce domaine de toutes les possibilités : *Tout est là et je me laisse guider vers l'amplitude de Tout Ce qui Est, vers la vastitude de ce que je suis Véritablement. J'accompagne joyeusement l'évolution.*

La Connexion Absolue t'aide à te révéler le plus précieux des trésors inestimables : ce que tu Es depuis toujours, l'immensité du Moi.

Merci infiniment !

*"Il n'y a qu'une seule chose à faire dans la vie,
c'est de vivre dans la Connaissance de Soi-même, de Sa Grandeur infinie
et de vibrer à l'unisson avec cet Amour, cette joie illimitée."*

Je sais maintenant que tout est possible !

Mon plus cher désir est enfin réalisé !

Ce désir que j'ai depuis longtemps de "l'éveil, l'illumination et la joie pour tous" est réalisé. Car je sais que chacun est déjà éveillé, déjà illuminé, déjà en Joie ! En Chacun est continuellement la même Conscience Absolue et rien ne pourra l'ôter !
Chacun est en tout temps connecté à Cela, à la Présence infinie, à l'Amour, à la Paix... à notre sublime Grandeur. La Joie est notre Vraie Nature !

J'ai exploré, perçu le Potentiel illimité de Tout ce qui Est.
Je sais que tout est possible maintenant puisque Tout est nous-même !

Je sais que chacun est Totalité et que personne n'a à faire de chemin pour Être.

Je sais qu'il suffit à chacun d'un millième de seconde pour reconnaitre sa vraie Grandeur, sa Puissance illimitée.

Je sais que chacun est la Totalité déguisée en une conscience individuelle, une "personne" qui vit ses rôles, ses expériences dans la découverte, l'information, la connaissance de Soi-même, du Tout.

Je sais que, même s'il y a oubli de sa Vraie Nature, identification à un rôle terrestre, notre Nature infinie de Plénitude et de Béatitude ne nous quitte jamais et qu'il suffit dans l'instant d'y revenir, d'en prendre conscience.

Tout est possible. Je vois ce que je veux voir…

Je vois chacun vibrant et se reconnaissant comme Conscience Absolue et sachant toujours qui il Est.

Je vois chacun avec un immense rayonnement de Félicité qui l'accompagne dans toutes ses aspirations, ses actions, ses pensées, ses choix…

Je vois chacun créer avec enthousiasme, façonner sa vie dans la perception de la Conscience et dire : *La Totalité, cette immensité sublime, c'est Moi ! J'ai toujours le soutien de Moi-même puisque tout est Moi, Amour infini… et je manifeste avec mon Potentiel tout ce sur quoi je mets mon attention…*
La Totalité, Moi, c'est bien au-delà de toute conception, c'est prodigieux, phénoménal, infiniment plus que l'Univers…

Je vois dans la vie de chacun transparaitre spontanément la légèreté, la sérénité, l'Amour, la gratitude, le respect, la santé, l'abondance…

Tout est possible et je vois plus loin :

Je vois cette Grande Vérité : *Je suis déjà le Tout, Conscience Absolue* et sa Vibration de Joie se répandre et se révéler dans toute l'humanité…
Je vois que chacun dans le film de sa vie se reconnait en tous et en tout, reconnait la Totalité, l'Unité dans tout ce qu'il perçoit…
Je vois que sur Terre, grâce à cette fascinante Connaissance et cette Vibration qui se propagent… une nouvelle ère basée sur l'Être commence avec un monde où règnent la joie, la tendresse, le réconfort, la douceur, la créativité, la liberté, l'interrelation avec tout Ce qui Est, l'Amour, la profusion, le rire…
C'est un monde possible, c'est même un monde évident quand on sait chacun qu'il n'y a que la Conscience illimitée !
Et ce monde influencera toutes les dimensions…
La Totalité est incommensurable, infinie ! Son Potentiel est partout.

Ce livre dépose dans le monde cette sublime Vérité de notre Réalité, la Connexion toujours Absolue de "chacun" et de tous.

J'émets l'intention que ce message s'intègre spontanément en chacun en particulier avec liberté, Amour et allégresse et qu'il se répande largement pour une transformation rapide, complète et joyeuse dans l'ouverture au Moi Absolu, dans ce monde et dans tous les mondes...

Merci, Merci, Merci, Amour à tous
et Gratitude infinie à ce que nous sommes...

Merci de partager ton témoignage sur tes transformations, tes ouvertures de conscience, tes nouvelles expériences de vie, tes nouveaux ressentis, les bienfaits et auto-guérisons... que cette Connaissance bouleversante t'aura apportés en écrivant ton récit sur le site officiel :

www.laconnexionabsolue.com

25153828R00130

Printed in Poland
by Amazon Fulfillment
Poland Sp. z o.o., Wrocław